大人のための
トランプ占い入門

寺田　祐

はじめに

　ゲームや手品として親しまれ、みなさんも一度は手にしたことがある「トランプ」。実は、トランプは占いの道具としての役割もあるのです。「トランプ占い」と聞いて、「えっ？ 何それ？」と驚かれた方もいるでしょうし、「小さい時にやったことがあるよ」という方もいるでしょう。
　子どもの頃に楽しんだものだからといって、トランプ占いが「子どもだまし」や「お遊び」ということではありません。
　トランプにはタロットカードにも負けず劣らずの占いとしての力があります。カード1枚1枚にはあなたの運命を教えてくれる力が秘められているのです。
　本書は、かつての占い好きやおまじない好きな「大人」に、もう一度トランプとトランプ占いを好きになってもらいたいと願い、執筆しました。
　大人になった今だからこそ、新たな発見と子どもの時以上のドキドキワクワクを感じていただければと願っています。
　もちろん、まだトランプ占いの世界を体験したことのない方にもオススメです。「占い」というと難しく感じる方もいるかもしれませんが、本書はカード1枚1枚の意味をキーワードとして簡潔に説明してありますし、実際の占い方もイラストを用いつつ、手順を追ってわかりやすく解説しています。
　本書を片手に、トランプ占いの世界に足を踏み出してみませんか。

Contents

はじめに　　　　　　　　　　3

第1章　トランプの基礎知識　　7

第2章　カードの基本的な意味　11
  1　スートの意味　　　　　12
  2　絵札の意味　　　　　　14
  3　各カードの意味　　　　15
    ハートのエース　　　　16
    ハートの2　　　　　　17
    ハートの3　　　　　　18
    ハートの4　　　　　　19
    ハートの5　　　　　　20
    ハートの6　　　　　　21
    ハートの7　　　　　　22
    ハートの8　　　　　　23
    ハートの9　　　　　　24
    ハートの10　　　　　25
    ハートのジャック　　　26
    ハートのクイーン　　　27
    ハートのキング　　　　28
    ダイヤのエース　　　　29
    ダイヤの2　　　　　　30
    ダイヤの3　　　　　　31
    ダイヤの4　　　　　　32
    ダイヤの5　　　　　　33
    ダイヤの6　　　　　　34
    ダイヤの7　　　　　　35
    ダイヤの8　　　　　　36
    ダイヤの9　　　　　　37

ダイヤの10	38
ダイヤのジャック	39
ダイヤのクイーン	40
ダイヤのキング	41
クラブのエース	42
クラブの2	43
クラブの3	44
クラブの4	45
クラブの5	46
クラブの6	47
クラブの7	48
クラブの8	49
クラブの9	50
クラブの10	51
クラブのジャック	52
クラブのクイーン	53
クラブのキング	54
スペードのエース	55
スペードの2	56
スペードの3	57
スペードの4	58
スペードの5	59
スペードの6	60
スペードの7	61
スペードの8	62
スペードの9	63
スペードの10	64
スペードのジャック	65
スペードのクイーン	66
スペードのキング	67

第3章　トランプ占い　69
　1　トランプ占いの基本　70
　2　トランプ占いのＱ＆Ａ　72
　3　今日の運勢　82
　4　フォーマインド　84
　5　過去・現在・未来　90
　6　レインボー　96
　7　36枚の人生の扉　106
　8　モンテカルロ　116

第4章　バースデーカード　121
　1　バースデーカード一覧表　122
　2　カード別タイプ診断　126

参考文献　146
版権クレジット　146
おわりに　147
著者紹介　148

Column
トランプ占い用カードの選び方　10
スートと小アルカナの関係　68
人物の描かれていない「コートカード」の考え方　89
お守りとしてのトランプ　120
ジョーカーの存在　144

第1章 トランプの基礎知識

今すぐ「トランプ占いを始めたい！」と思った方、その気持ちはよくわかりますが、ちょっとだけ、トランプの歴史を紐解いてみませんか？
トランプの起源を知ることで、よりトランプに愛着と興味が持てるはず。
私たちの身近な遊び道具であるトランプには、まだまだ多くの謎が秘められているのです。

トランプはいつ生まれて日本に伝わったのか

トランプの正確な誕生場所は不明
ジプシーによってヨーロッパに広められた

「トランプ」がいつ・どこで生まれたのか、正確なことはわかっていませんが、定説に近いものとして、①中国、②インド、③エジプトが誕生の地として挙げられます。

その後、トランプは13世紀頃に中東に伝えられました。現在確認されている中で最古のものは1520年頃に作られたといわれる、「マムルークカード」がトルコ・イスタンブールにあるトプカプ宮殿博物館(元・トプカプ宮殿)に所蔵されています。

ヨーロッパには中東との交易(シルクロードや海路)を経て伝わりましたが、ヨーロッパ内でトランプを広めたのはジプシーといわれています。流浪の民であるジプシーは自分たちの将来を予測するためだけではなく、生計としても占いを用いていましたが、そこでトランプも使われていたようです。15世紀になり、印刷技術が誕生・進歩するにつれてトランプの製造も盛んに行われ、海上交易を通じて世界中に広まりました。

ヨーロッパで最もトランプ占いが流行した19世紀初頭、フランスのパリではル・ノルマン夫人がトランプ占い師として活躍しました。ル・ノルマン夫人のトランプ占いは当たると評判を呼び、時の権力者であったナポレオン皇帝夫妻や上流階級の貴族などから厚く信頼されていたとのことです。当時、ル・ノルマン夫人以外にも数多くのトランプ占い師(その多くは女性占い師であったといわれています)が人々の悩みにアドバイスをしていたのですが、そのあまりの人気さに、ついにパリでは占い禁止令が出されたほどでした。

とはいえ、占い禁止令が出されても多くの人々はトランプ占いに親しんでいたようです。

日本に伝わったのは室町時代
当初は「カルタ」と呼ばれていた

　日本には室町時代の末期である1543年にポルトガルの宣教師によって伝えられたのが最初といわれています。「カルタ(Carta)」といいますが、これはポルトガル語でトランプのことを指しています。

　日本に伝えられたカルタは「南蛮カルタ」と呼ばれました。枚数は1組48枚でした。南蛮カルタはそれをコピーした「天正カルタ」となり日本国内に広まっていきました。

　天正カルタはその後、1組75枚の「うんすんカルタ」に、さらに「めくりカルタ」となって、「花札」と変遷していきました。

　ところで、「トランプ」という呼び方をするのは日本だけというのをご存知でしたでしょうか。

　トランプはヨーロッパやアメリカなどでは「プレイングカード」または「カード」と呼ばれています。ではなぜ日本だけが「トランプ」と呼ぶようになったかというと、文明開化の波を受けて欧米の文化が広く取り入れられ始めていた明治初期、日本に来ていた外国人がカードゲームを興じている際に「トランプ＝切り札(Trump)！」と叫んでいたのを聞いていた日本人が勘違いしてつけたのだそうです。聞き間違いではあったにせよ、トランプという名称はしっかりと私たちに根づき、今日まで至っているのです。

Column

トランプ占い用カードの選び方

　トランプを新しく買おうと思われた方への簡単なアドバイス。トランプは長い歴史を誇るだけに、さまざまなタイプが出ています。ごくごく普通の長方形だけではなく、円形のカードや変形もあります。サイズも手のひらサイズからポスターサイズまであります。

　一般的に用いられている長方形のサイズでは、ポーカーサイズとブリッジサイズの二つがあります。ポーカーサイズが標準型とされており、約8.8cm×6.3cmです。ブリッジサイズはポーカーサイズよりも横幅が小さいもので約8.9cm×5.8cmです。微妙な違いかもしれませんが、カードのサイズによってシャッフルなど扱いやすさが変わってきますから、女性の方や手が小さめの方にとっては、手に収まりやすいブリッジサイズでカードに馴染むことを優先してみてはいかがでしょうか。男性の方はポーカーサイズでも問題ないでしょう。

　材質もプラスチック製ではなく、トランプ紙製の方が適度な滑らかさがあり占いやすいでしょう。折れ曲がったりすることがないのも利点です。

　また、トランプは裏の模様にも豊富なバリエーションを揃えてあるのが魅力の一つといえます。占いに用いるにはあまり個性的な写真や絵などのコレクタートランプよりも、幾何学模様の描かれているものの方がはじめての方にとってはよいかもしれません。カードを混ぜている時、裏面のデザインがあまりに主張が強いと、そちらに自分の気持ちや注意がもっていかれてしまい、集中して占いができないおそれがあるからです。

　はじめはスタンダードなタイプでトランプ占い自体に慣れ親しんでいただき、徐々にあなただけのお気に入りを探すというのはいかがでしょうか。

第2章 カードの基本的な意味

トランプは全部で52枚あります。
区分けとしては、ハート、ダイヤ、クラブ、スペードの4種類の「スート（マーク）」があり、各スートにA（エース）、2、3、4、5、6、7、8、9、10、J（ジャック）、Q（クイーン）、K（キング）の13枚が含まれています。エースから10までは「数札」といい、ジャック・クイーン・キングは「絵札（コートカード）」といいます。
まずは、1枚1枚のキーワードをしっかりと覚えましょう。

1.) スートの意味

ハートは愛、ダイヤは財産
クラブは平和、スペードは力

トランプにはハート、ダイヤ、クラブ、スペードの4種類のスート(マーク)があり、それぞれに暗示をするものがあります。

....

ハートは記号そのままに愛のシンボルです。基本的にハートは吉を表しています。

人が生きていく上で大切な愛情を表しますが、これは恋人同士の愛というレベルではなく、より広く精神性の高いものにまで及びます。例えば、親が子どもに注ぐ愛情や家族を敬い大切にする気持ち、周囲への感謝の気持ちなどです。クラブと共通点がありますが、優しさや人情もハートが意味するところです。

恋愛について占った場合にハートが出たら、それはもう愛のキューピッドが二人を祝福していると思ってよいでしょう。

ですが、愛情は降って湧いてくるものではありません。相手に依存しすぎず、努力を要することもハートは伝えてくれているのです。また、情が強いがために葛藤することを表す場合もあります。

....

ダイヤは名前の通り、宝石の中で最も美しいとされるダイヤモンドのマークです。そのため、金銭や財産、物質的な豊かさを暗示します。現実的な考えということもあります。お金というと収入の面ばかり見えてしまうかもしれませんが、支出も表します。そのため、お金に振り

回されてしまという可能性もあります。

　お金に執着するあまり自分だけを考えてしまうエゴイズムを示すこともありますので、注意が必要です。

・・

　クラブは平和と幸福を表すカードです。特に周囲からの協力や篤い友情が得られる場合に出てきます。クラブの幸福とは恋愛というものではなく、人間本来の気品の高さや品格を表すのです。

　人との調和を表しますから、トラブルが発生したとしてもそれを周りからの協力で克服することができるのです。

　ただし、時にはライバルの出現やあなたが我慢をしなければならない状況なども暗示しています。

・・

　スペードは、良くも悪くも力を表すカードです。もともとは両刃の剣を重ね合わせたマークといわれ、うまくコントロールできるのであれば、それは野望や野心を達成するための大きな原動力となりますが、その反面、人間の悪い部分を如実に表すこともあります。困難、トラブル、苦しみ、裏切り、災難、失望などのマイナス面です。

　占った時に、スペードの近くにハートが出た場合は誤解による対人関係のトラブルに注意が必要です。また、クラブの場合は思うように実力が発揮できないこともあります。

　ただし、だからといってスペードが最悪な意味を持つカードでしかないというわけではありません。スペードは悩みに対して警告を発してくれる信号の役割を担っていると考えた方がよいでしょう。

2.) 絵札の意味

コートカードはその問題にどのような人物が関わるかを暗示する

　トランプには数字だけではなく人物が描かれたカードがあります。それが「絵札（コートカード）」と呼ばれる、J（ジャック）、Q（クイーン）、K（キング）です。

　ジャックは若い男性・青年を象徴し、パワーやエネルギッシュさを表しています。スートによってどのような青年かは変わってきますが、悩みに対して、何らかのかたちで青年が介入するとみてよいでしょう。若い力を表していますので、それがマイナスとして出た場合には、未熟さや不安定さということもありますので注意が必要です。

　クイーンは女性の象徴であり、豊かな母性を表しています。母親のような深い愛情を持った人が助けの手を差し伸べてくれるのです。しかしその反面、女性的という意味においての嫉妬深さや家庭不和ということもあります。

　キングは指導者を象徴し、父性を表しています。どっしりとした安定感と包容力のある年上の男性が良きアドバイスをしてくれます。寛大な心の持ち主が現れることも意味しています。ただし、その人物が野心や野望など何かウラがある可能性も示唆しています。

　コートカードはどのような人物がその問題に関わってくるのかを示していますので、その問題に関係する人を想像してみるとよいでしょう。

3.) キーワードだけでなくインスピレーションも大切

各カードの意味

スートとコートカードについて説明をしてきましたが、次ページからは各カード52枚の説明をしていきます。

「トランプ占いの基本」(70ページ)でも説明しますが、カードの説明にある「正位置」と「逆位置」とは占っている人から見てカードとして正しい位置にあるものを指し、その反対が逆位置と呼ばれるのです。基本的に、正位置の反対、または力の弱い意味が逆位置となります。

ほとんどのカードは上下逆さまでもわからないものがありますから、その場合はカードの裏にある模様を見て判断することになります。しかしそれでもわからない場合がありますので、トランプ占い専用のカードを持ち、自分だけのオリジナルマークをつけて正位置と逆位置の区別をすることをオススメします。

カード1枚1枚にはそれぞれ特徴的な意味があり、これがトランプ占いの基本となりますので、よく覚えておきましょう。ただし、常にカードの意味や象徴するものだけに縛られることはありません。はじめのうちは占いで出たカードを見てもイメージが湧かないかもしれませんが、カードに親しむにつれてあなたのインスピレーションが冴え、カードの声のようなものが聞こえてくるようになるでしょう。そうなればしめたものです。カード本来の意味にプラスして、より相談者にとって必要な答えが導き出せるはずです。

ハートの

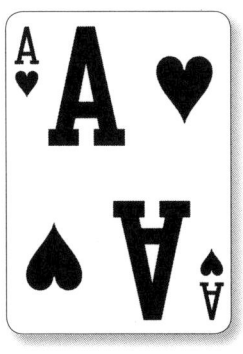

keyword

 究極の愛
多くの人と喜びを分かち合う

 愛の空回り
自意識過剰

　エースは最も力の強いカードで、ハートは愛情を表すスートですから、この二つが組み合わさったハートのエースは「究極の愛」を意味するカードとなります。

　大きく包み込む愛情ですべての問題が解決します。まさに「愛は地球を救う」といえます。この愛はあなたが周りに与えることもありますし、周りから受け取ることもあります。

　人間関係では他人から愛されることの喜びを強く感じることでしょう。望めば望むだけ協力者が現れてくれるはずです。言うまでもなく、恋愛面では文句なく最高のカードです。

　仕事でも成功は間違いないでしょう。ただしこの場合、金銭的な満足を得るということではなく、同僚などと一緒に働くことでの精神的な満足が高いという意味です。仕事にはお金だけではない価値があると理解するはずです。

　逆位置で出た場合、豊かな愛情がやや空回りしてしまいます。心が不安定になり、ちょっとしたことで被害者意識を持ちやすくなります。それはキーワードである「自意識過剰」の表れともいえます。そのような時には、慌てず騒がず、深呼吸をして、もう一度やり直すとよいでしょう。

ハートの 2

keyword

 清純さ
小さな幸せ

 わがまま
時期が遅れる

　ハートの2は、人の持つ根源的な優しさや温かさ、澄んだ心を表すカードです。長年抱いていた夢や希望が叶うという大きな話はありませんが、日常の中でふと感じることのできる小さな幸せを教えてくれるのです。地に足の着いた生活の大切さを知ることができるでしょう。

　人間関係では周りの人すべてにわだかまりなく接することで、周囲からも好かれることになります。おおらかさがあなたを一回り大きくしてくれるでしょう。

　恋愛面では、恋が叶うということではありませんが、気になる人に出会うかもしれません。相手もあなたの清純さに惹かれることでしょう。焦りは厳禁です。

　仕事面でも、相手を信じることが大切です。何でもかんでも自分が片づけるというのはよくありません。

　逆位置で出た場合、愛情が薄くなる、または誤解を受けることでのケンカが多くなります。ただ、どのような場合であってもその原因はあなたのわがままにありますから、我が身を振り返ることも大切です。また、キーワードである「時期が遅れる」は、相手からの返事や仕事の遅れなどを意味しています。遅れるだけですから失敗ということではありません。

ハートの3

keyword

正位置
愛の苦悩
出会いと別れを繰り返す

逆位置
裏切り
衝動的な行動

　ハートの3は、愛するゆえに抱えてしまう苦悩を表すカードです。気になる人がいることでの悩み、または自分を愛してほしいと願う苦しみ、同時に恋の素晴らしさや甘さ、人と触れ合うことでの幸せなどを教えてくれる、とても人間らしい心の揺れを意味するカードなのです。

　人間関係では多くの人と出会い、多くの人と別れるでしょう。これはあなたが望むか否かにかかわらず、そのようになります。人と出会うたびにあなたは自分を磨くことができるでしょう。

　恋愛面では、典型的な三角関係のトラブルに注意しましょう。

　仕事面では、人の出入りの激しさが業務に影響を与えます。多忙を極め、思わぬミスも発生しやすくなりますから気をつけましょう。あまり積極的に進める時ではないかもしれません。

　逆位置で出た場合、人とつき合うことの苦しみがさらに強くなります。相手に悪意がありますので、キーワードにあるような「裏切り」となって出てきます。心が不安定になることで衝動的なことを起こしやすくなります。ただし、思いも寄らない行動が幸運を呼び寄せることもあります。

ハートの4

keyword

正位置
自己犠牲
地味さ

逆位置
心機一転
急な病気

　ハートの4は、自らは表に出ずに日陰者として生きることで周囲に幸せを与えることを説くカードです。正位置のキーワードである「自己犠牲」は、自分を抑えて相手に尽くすことで未来が開けることを表しているのです。いわば、尽くす愛です。

　人間関係では、相手の意見を聞くことが何よりも求められます。まず聞き受け入れること、これが大切です。恋愛面でも、あまり派手な恋はできないかもしれません。ただ、相手を引き立てるあなたの気持ちは相手にも伝わっていることでしょう。キーワードである「地味さ」ということでは、あまり進展しないことも暗示しています。

　仕事面では、滅私奉公のようなことが求められます。ただし、それに腐っていては職場では認められません。言われた仕事を確実にこなすことで上司からの評価は高くなるでしょう。

　逆位置で出た場合、正位置のうつうつとしたイメージから逃れ、心機一転の展開となります。何か新しいことや名誉挽回のチャンスが訪れますので、意識的に取り組んでみてもよいでしょう。身も心もリフレッシュできるような展開がある一方で、急な病気が起こることも暗示していますので注意が必要です。

ハートの5

keyword

正位置
情熱的な愛情
派手

逆位置
現実逃避
予期せぬトラブル

　ハートの5は、情熱的な愛情を表すカードです。どんなトラブルに対しても熱意をもって当たっていく、若さゆえのパワフルさを持っているのです。
　人間関係では、明朗快活な行動が多くの人から愛されるでしょう。言動が派手になりがちで、人が気にすることもずばずば指摘してしまいますが、それすらも受け入れられるはずです。
　恋愛面では、とにかく押しの一手で相手にアプローチします。あまりに積極的な行動で、相手が驚きとまどってしまうこともあるかもしれません。そのような時は、ちょっと引いてみるのも大切です。
　仕事面でも順調そのものです。トラブルが多く発生することを暗示していますが、難なく乗り越えられるでしょう。一人で突っ走ることが多いかもしれませんが、それでは不必要なトラブルの種を蒔いてしまうこともあると言い聞かせましょう。
　逆位置で出た場合、情熱的な行動に陰りが見られ、優柔不断や現実逃避な面が強くなります。くよくよ悩んでしまい、自分の考えに自信が持てなくなります。悪い状況であってもそれを見つめる意志の強さを持つことで新境地が開けるはずです。

ハートの 6

keyword

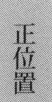 古き友情が復活
過去を懐かしむ

 落とし穴
騙されやすさ

　ハートの6は、過去を振り返り、昔を懐かしむカードです。これまでの人生で楽しいことも悲しいこともたくさんあったのでしょうが、それらすべてに対して愛おしさや郷愁を覚えるのです。他には寛容さを意味することもあります。

　人間関係では、友人、それも古くからの友人と街中でばったり出会うなどの嬉しいハプニングが起こるでしょう。ふとしたきっかけで昔の友人に連絡を取ることで友情が復活することもあります。

　恋愛面では、突然の告白を受けるなど、思いがけない出来事が起こるでしょう。昔の恋人を思い起こすことも多いかもしれませんが、別れた相手を思っても明日は来ません。心の切り替えが必要となります。

　仕事面では、過去の栄光にしがみつきやすく、やや保守的になってしまいがちです。ただし、それでは現状を維持することもできずに下がるのみですから、新規なものに目を向ける柔軟さが大切です。

　逆位置で出た場合、他人の誘惑に負けて騙されることを暗示しています。また、順調に物事が進んでいてもそれに油断して落とし穴に落ちてしまうことも。自分の行動には細心の注意を払うべきです。

ハートの7

keyword

| 正位置 | 自らの手で道を切り開く
気まぐれな幸運 |

| 逆位置 | 調子に乗って失敗
悩み多き年頃 |

　ハートの7は、幸運と不運の二つの道が用意されている前に立ち、自分の決断で未来をつかみ取ることを表すカードです。当然、どちらが幸運かは自分ではわかりません。しかし、自らの手で道を切り開こうとした場合にのみ、幸運の女神はあなたに微笑んでくれるのです。

　人間関係では、他人からの評価に一喜一憂してしまいます。褒められると喜び、叱られると悲しむという、あまりにも子どもっぽい反応をしてしまいがちです。どのような対応をされても、現実をしっかりと見据えることが大切です。過度に他人を信用するのは厳禁です。恋愛面では、自分の気持ちを相手にしっかりと伝えることが求められます。相手もあなたからのはっきりとした意思表示を待っています。

　仕事面では、思わぬ収入の予感があります。キーワードの「気まぐれな幸運」ですが、あなたに届けられたプレゼントです。遠慮無くいただきましょう。

　逆位置で出た場合、自分で自分の立ち位置が見えないために、ついつい調子に乗って失敗してしまうことを意味しています。嬉しい便りが届く一方で不安な気持ちにもなってしまい、とかく悩みがちです。この悩みは自分でしか解決できません。安易に人に頼ってはいけません。

ハートの 8

keyword

 正位置
パーティーが吉
チャンスが巡ってくる

 逆位置
遠慮がち
チャンスを逃す

　ハートの8は、多くの人と出会える場所に行くと幸運が待っていることを意味するカードです。人間関係では、パーティーなどで楽しい一時を過ごせることでしょう。そこで知り合った人は今後のあなたの糧となります。一人でも多くの人に積極的に話しかけてみるとよいでしょう。何をするにしても一人で行動するのではなく、グループ行動が吉です。

　恋愛面では、これまで相手からそっぽを向かれていたとしても、徐々にあなたへと興味が戻ってきます。キーワードにあるように「パーティーが吉」ですから、友人から誘われたら、多少無理をしてでも参加すべきです。初めて行く場所や初めて出会う人、初めての体験などがあなたに成功のきっかけを教えてくれるはずです。海外旅行などにも積極的に行ってみるとよいでしょう。

　仕事面では、これまで同僚に差をつけられ、上司からの評価があまり良くなかったとしても、思わぬチャンスがすべてを挽回してくれるでしょう。

　逆位置で出た場合、積極性が失われ、遠慮がちで自己主張をしない面が強くなります。当然、目の前に来たチャンスも指をくわえるだけで逃してしまいます。幸運を手にするには受け身ではいけません。

ハートの 9

keyword

 願いが叶う
身も心も満足できる

 願いが叶う時期が遅れる
他のカードの影響を受ける

　ハートの9は希望が達成される素晴らしいカードです。キーワードの「願いが叶う」とは、愛情面はもちろんのこと、経済的な満足、社会的地位や名声、将来にわたっての安定など、どのような願いであっても叶うことを意味しています。まさに、ラッキーカードです。人間関係では、素晴らしい友人に囲まれて至福の時を過ごすことができるでしょう。年下からは慕われ、年長者や実力者からは引き立てを受けることができます。

　恋愛面では、愛の成就を表します。告白をするのも受けるのも、どちらにしても将来的な幸せを運んでくれるはずです。

　仕事面でも事業の発展となり、収入も大きく上がることでしょう。ツキがありますが、ギャンブルなどの投機的なものではなく、今の仕事を誠実にこなすことがさらなる成功を約束してくれます。

　逆位置で出た場合、願いは叶いますが、その時期が遅れるということになります。通常は逆位置は正位置に対してネガティブな意味となることが多いのですが、このカードはそれすらも超えてしまうほどのラッキーを表しているのです。ただし、他のカードの影響を強く受けますので、その点は注意が必要です。

ハートの 10

keyword

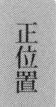 幸福
悪いカードの力を弱める

 誘惑が多い
悪いカードの力を弱める

　ハートの 10 は、キーワードにあるようにずばり、「幸福」を表すカードです。このカードは正位置でも逆位置でも、他の悪いカードの力を弱めるという働きがあります。つまり、それだけ、このカードが持つ幸運の力は強いのです。

　人間関係では、旧友との再会や新たな出会いなど、多くの人と出会うことを意味しています。忙しない印象を持つかもしれませんが、充実した日々を過ごすことができるでしょう。特に家庭では平和で温かな家庭を築き上げることができます。子どもに恵まれることもあるでしょう。恋愛面でも、相手との結びつきが強く深くなります。恋の成就だけでなく、これを機に結婚するということもあるでしょう。

　仕事面でも成功は約束されています。積極的に事業拡大に乗り出してもよいのではないでしょうか。また、このカードが持つ幸運を多くの人に分け与える慈善事業などもよいでしょう。「情けは人のためならず」です。

　逆位置で出た場合、あなたの幸運に引き寄せられて、誘惑も多く出てきます。うまい話にはワナがあると肝に銘じておきましょう。また、親しい相手だからゆえの問題も出てくるかもしれません。しかしいずれにしても、それほど深刻にはならないので安心してよいでしょう。

ハートの J(ジャック)

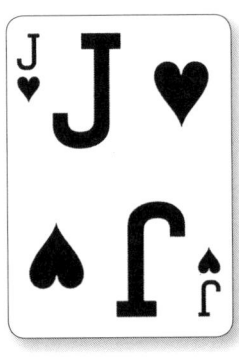

keyword

正位置	情熱を秘めた青年 親友
逆位置	プレイボーイ 一時の恋に溺れる

　ジャックはその問題にどのような青年または若い男性が関わるかを表しますが、ハートのジャックの場合、夢と希望に燃える、情熱を秘めた青年となります。
　人間関係では、親友があなたの助けとなることを意味しています。一生涯の友人に出会うこともあるでしょう。このカードには良き助言者という意味も含まれていますので、友人からのアドバイスにも期待が持てます。助言には素直に耳を傾けましょう。友と喜びも悲しみも分かち合うという意味もありますから、目の前のトラブルに悩んでいる時は、思い切って友人に相談するのがよいでしょう。
　恋愛面では、純情さと情熱を持って相手にアプローチします。優しくて親切心溢れる態度に相手も素直に気持ちを受け取ってくれることでしょう。
　仕事面でも、熱意を持って困難に立ち向かう姿勢が周りの共感を呼び、応援の声や援助の手が差し伸べられることでしょう。
　逆位置で出た場合、情熱的に愛を謳う青年が一転して、プレイボーイとなってしまいます。調子よく相手に合わせて、一時の恋に溺れ、時には人としての道を踏み外すことも暗示しています。外見だけを取り繕ってもいつかはボロが出ます。しっかりと中身を磨きましょう。

ハートの Q（クイーン）

keyword

| 正位置 | 愛の女神
麗しきマドンナ |
| 逆位置 | 気まぐれ
浮気性な女性 |

　クイーンはその問題にどのような女性が関わるかを表しますが、ハートのクイーンの場合、誰もが心惹かれる、眉目秀麗で知的な女性となります。まさに、愛の女神であり、男性憧れのマドンナといえます。

　人間関係では、どのような場でも周囲の注目を一身に浴びることでしょう。あなたの優しさは周囲からの援助となって返ってきます。家庭でも良き母、良き妻となって幸せを築き上げることができます。信頼できる女性が現れるということもあるでしょう。恋愛面では、全カードの中で最も幸運な力を発揮します。男性でも女性でも、意中の人への告白をすべき時といえます。このカードは恋愛に役立つ力という意味もありますから、恋愛相談を受けることが多いかもしれません。とにかく、恋愛にまつわることがあなたの周りでたくさん発生します。

　仕事面でも計画通りの順調さを表します。ただ、あまりにもビジネスライクな世界には肌が合わないかもしれません。

　逆位置で出た場合、多くの人に愛される、優しくて美しい女性が気まぐれを起こすことになります。思いつきで行動し、スキャンダルを起こしやすいのです。浮気性な女性に悩まされるという意味もあります。

ハートの K(キング)

keyword

正位置
寛大な父親
適切なアドバイス

逆位置
感情的になりやすい
口を挟みやすい

　キングはその問題にどのような年長の男性が関わるかを表しますが、ハートのキングの場合、寛大で、誰に対しても分け隔てなく接する、偉大なる父となります。
　人間関係では、集団をまとめ上げる力のある、典型的なリーダータイプがこの問題を解決に導くでしょう。自分の信念を具体的な発言と行動で示していきますから、周囲からの反応もよいものがあります。
　恋愛面では、相手はあなたの大きな懐に抱かれたいと思っているはずです。進展があまりなくてもそれに対して焦りやイライラをつのらせることなく、寛大な気持ちで待つことが必要です。家庭面では良き父、良き夫、または尊敬される兄という立場で家庭の平和を築き上げます。
　仕事面では、あまり現状から手を広げることなく、維持することで安定した生活が得られます。地に足の着いた幸せを感じることができるはずです。
　逆位置で出た場合、寛大な父親の反対の面である感情的な父親が出てきます。短気となり、かんしゃく持ちとなって問題を複雑にしてしまいます。他人の問題にもあれこれと口出しをしやすくなりますが、それは相手にとっては「いい迷惑」でしかありません。何事も自分を抑えて控えめにしましょう。

ダイヤの エース

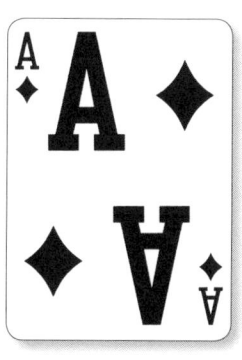

keyword

正位置　あなたを喜ばせる贈り物
　　　　大吉

逆位置　周囲からの反発と妬み
　　　　貧乏神

　ダイヤのスートは金銭や経済的、物質的な力を表すカードですが、ダイヤのエースの場合、その意味が最大限引き出されることになります。キーワードにあるように、典型的な大吉カードです。

　仕事面での事業の成功やプロジェクトの達成といった経済的な幸福を得るだけではなく、人間関係も良好に進みます。恋愛でも長くつき合っている二人だとより幸せな将来が約束されます。金銭的な幸せが背景となり社会的地位や精神的満足、友情に愛情を得ることができるのです。仮に何らかの問題が発生したとしても、「お金で解決する」とまではいきませんが、後に引くことなく解決しますから、おおらかな気持ちでいてよいでしょう。

　「棚からぼた餅」のようなプレゼントも期待できます。プレゼントを受け取るか贈るかはケースによって変わってきますが、カードの名前のように、ずばり、ダイヤモンドの指輪（結婚・婚約指輪）ということもあるかもしれません。

　逆位置で出た場合、自分の恵まれた環境がかえって災いを招くことになります。貧しい人や自分より地位の下を見下げる行動をしやすいのです。当然、それは反発を呼びます。また、財産を狙って騙されてしまうことも暗示しています。

ダイヤの 2

keyword

| 正位置 | 小さな希望
周囲からの影響を受ける |

| 逆位置 | 身動きが取れない
晴れが一転して雨 |

　ダイヤの2は、近い将来に何かが起こることを予感させるカードです。現状に嘆いている時にこのカードが出たら、それは救いのカードといえるでしょう。

　努力が実ることも表していますが、それは他からの影響を受けてそうなるということです。予期せぬ幸運ということもあるため、敵対していた相手からの援助がくることもあるでしょう。

　仕事面では、順調そうに見えてそれほど実入りがないということもあります。人間関係のパワーバランスが一転することもありますので注意が必要です。

　仕事面の微妙な関係性は恋愛面でも出てきます。周囲からの反対や相手としっくりいかないことが多いかもしれません。軽率な行動ではなく慎重さが求められます。

　逆位置で出た場合、正位置のような何かに影響をされつつも事態が好転するという意味と正反対になります。つまり、「身動きが取れない」状態で「晴れが一転して雨」になり悲劇が進行してしまうのです。このような時にこそ、周囲の協力を仰ぐことが大切です。しかし、マイナスとはいえそれほど深い傷にはならないので安心してもよいでしょう。

ダイヤの 3

keyword

正位置
人間関係の不和に悩まされる
より一層の努力が必要

逆位置
力を尽くすが失敗
無謀な挑戦

　ダイヤの3は、ダイヤの中ではネガティブなパワーを持つカードです。
　原因は金銭的な理由によるものが多いのですが、人間関係のトラブルに巻き込まれやすいのです。家庭では両親や兄弟、子どもとの口ゲンカ、職場では環境が険悪になるような言動、部下からの反発と上司からの無理強い、恋愛では相手のわがままなど、自分を抑えなければいけないことが多いのです。
　経済的な面だけではなく精神的にも踏んだり蹴ったりなことが多いかもしれませんが、忍耐強く接することで道は開けます。
　人間関係の不和で苦しむことになりますが、仕事面においては、転職をするという選択もこのカードが出た場合はよいかもしれません。
　ダイヤのスートが表すように、とにかく、お金の貸し借りには十分注意をすべきでしょう。
　逆位置で出た場合、現状の問題が失敗してしまうことを表します。それはそもそもその計画自体が無茶で無理で無謀なことであったのかもしれません。基本に立ち返り、自分にできることとできないことを見極める必要があります。

ダイヤの 4

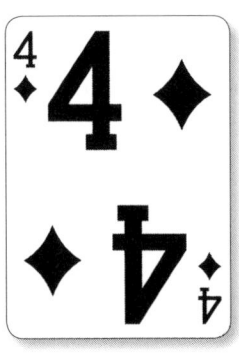

keyword

 欲望の塊
強気な態度

 不愉快な出来事
弱気な態度

　ダイヤの4は、あれも欲しいこれも欲しいと欲望が強まることを表すカードです。今の自分の状況に満足せず、経済的な対価や社会的地位に名声、果ては恋人と実用的で世俗的なものすべてにおいて手にしたいと思うことを表しています。「欲望の塊」というとネガティブなイメージになるかもしれませんが、欲を出すことは必ずしも悪いことではありません。難問にもトライをし、自分の力で切り開く原動力になるからです。ただし、その結果が成功するかどうかはわかりません。
　人間関係のトラブルにおいても積極的に自分から発言し、修復しようと努力します。仕事面においても野心を持ってどんどんと進めてよいでしょう。ただ、恋愛面では強気さが虚栄に変わってしまう可能性が高いので、あまり見栄を張らずにいた方がよいかもしれません。
　逆位置で出た場合、欲望の押し出しが弱まってしまい、自己主張しない態度ということになります。その結果、人間関係のトラブルに巻き込まれる可能性が高いのです。自分の欲望の通りに進まないために「不愉快な出来事」に心と頭を悩ませることでしょう。そのような場合、自分の考えを相手にしっかりと伝える必要性があるでしょう。沈黙の美徳は時としてあなたを不運にさせます。

ダイヤの5

keyword

正位置
持続する幸せへの架け橋
多くの人との交流

逆位置
欲張り
調子に乗って反感を買う

　ダイヤの5は、典型的なラッキーカードです。将来の成功への第一歩とみて間違いありません。お金も地位も栄誉も愛も得ることができるのです。それは一時のものではなく、永続性ある安定した生活への架け橋ともいえます。

　明るく積極的に行動することで、周囲からの好感と高評価を得ることができます。仕事面でも新プロジェクトを立ち上げるには最良のタイミングです。多少の困難も問題なく進むことができるでしょう。思い切った決断が成功を呼び寄せるのです。この決断は仕事面だけでなくプライベートでも同じことがいえます。普段は行くことのない海外旅行などを計画してみてもよいでしょう。

　多くの人が集まり交流することで運気が上がるのですが、恋愛面ではその反動ともいうべき二人だけの世界を築き上げます。グループの中から新たな恋が生まれる可能性も。家庭の幸せとして子どもが生まれることも暗示しています。

　逆位置で出た場合、積極的な活動が裏目に出てしまいます。周囲から欲張りで調子に乗っていると見られてしまいます。当然、計画は順調に進みません。また、世の中すべての人が善良ではありません。あなたのお金や地位を狙って、騙そうとする人が現れることもありますので注意が必要です。

ダイヤの6

keyword

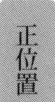 出入りが激しい
何事にも早急な判断

 大ばくちをして損をする
拙速

　ダイヤの6は、何事においても早く動いて回る様子を表すカードです。多くはお金の出入りが激しくなることを暗示していますが、そのベースとなる早い判断を強いられることにあります。心の内では迷っていて決められないのですが、状況がそれを許してくれません。出入りの激しさは貯金と散財の裏表です。

　人間関係においても、相手の反応よりも先に自分が考えて行動しやすくなります。もちろんそれでうまくいくこともありますが、よりスムーズに事を運ぶには相手の出方を待つ余裕がほしいものです。仕事面でも早急な決断をしなければいけない場面が出てきますが、できるかぎり「石橋を叩いて渡る」ようにすべきでしょう。恋愛面では、一目惚れしやすいことを表しています。決断がさらに早まると早婚という意味にもなります。

　逆位置で出た場合、決断を求められるレベルが大きくなり、大ばくちを打つようなことになりがちです。しかし、そのようなばくちはうまくいきません。正位置でも同じことがいえるのですが、このカードが出た場合は、堅実さを肝に銘じて行動した方がよいでしょう。外見だけに目を惑わされて、心を悩まされてはいけません。

ダイヤの7

keyword

正位置
目標達成だけの行動
目的をハッキリとさせる

逆位置
自意識過剰
初心忘るべからず

　ダイヤの7は、自分が狙ったものだけに対して決断と行動をするハンターのようなカードです。目標達成のためには他のものには目もくれず、一直線に進み、障害となるものすべてを蹴散らしていきます。

　仕事面においてはプロジェクトの成功やノルマ達成のために意欲的に働き、成果を得るでしょう。もともとの能力以上の力が発揮できる時なのです。もちろん上司からの評価も上がります。

　人づき合いでも多少強引な面があるかもしれませんが、一種のカリスマ的な力に周りは酔いしれることでしょう。恋愛面では多くの人から好印象を持たれることになり、場合によっては複数人からの愛を受け取ることになるかもしれませんが、自分からはあまり積極的な反応はしないかもしれません。しかし自分が好きなった場合は、周りが驚くほどの情熱的な恋愛となることでしょう。

　逆位置で出た場合、目標に邁進する姿が自意識過剰となってしまいます。周りからは暴走していると見られることでしょう。周囲の人からは反発や冷めた目で対応されてしまいます。そうなっては協力なども得られるわけがありません。自分の力だけですべてが解決できると思ったら大間違いです。

ダイヤの 8

keyword

| 正位置 | 現状を的確にとらえる
どん欲さ |

| 逆位置 | 状況を見誤る
赤字 |

　ダイヤの8は、シビアに現状を見据えることができる、たとえるならば遣り手のビジネスパーソンといったカードです。ダイヤのスートが表すお金や経済的な問題に対して存分に力を発揮し解決へと導けることでしょう。

　冷静な判断ができますから、投機目的や新しいプロジェクトなどの新展開にも対応できます。赤字事業であってもそれをV字快復させるような辣腕ぶりを発揮することでしょう。どんな状況下でもお金儲けを果たすどん欲さが何よりも強く表れます。お金に関してはどん欲ですが、人間関係はいたってクリーンです。明るく爽やかな交友関係を築き上げることができるでしょう。恋愛でも身の程をわきまえた行動ができるはずです。ただし、やや強引な面が目立ちますので相手を尊重することを忘れずに。

　逆位置で出た場合、冷徹もいえる判断力が鈍くなり、状況を見誤ります。ちょっとしたギャンブルの損から取引上の赤字、さらには詐欺などとにかく「赤字」となります。原因はすべてが自分の不注意ですから、念には念を入れて決断と行動をしましょう。人づき合いにおいても「お金か恋愛・友情か」という選択を迫られますが、このような状況こそ、何事においても中庸を目指すべきでしょう。

ダイヤの 9

keyword

正位置
お金では買えない幸せ
心が満たされない

逆位置
金銭的トラブル
恩が仇となる

　ダイヤの9は、お金持ちとなり裕福となったがゆえの悲哀を表すカードです。お金持ちとなり、経済的に安定した生活を送ることができていても何か「心が満たされない」という状況なのです。単純にお金を得るだけには魅力を感じず、「お金では買えない幸せ」を追い求めるのです。それは愛情や友情、夢や理想、自分以外の人の幸せといったものです。

　このカードの基本的な力として、経済的な成功を収めることに変わりはありませんので、仕事面や人づき合いにおいてトラブルが発生することなく成功するでしょう。ただし、そのことと自分の幸せが直結するかというと別問題となります。

　恋愛面でも今一つ乗り気でない状況です。一人で勝手に思い悩むことが多く、相手はそんな態度にイライラするかもしれません。このような時こそ、勇気と自信を持って進むことが大切です。

　逆位置で出た場合、金銭トラブルに巻き込まれやすいことを暗示しています。仕事上のつき合いはもちろん、友人や家庭間のお金の貸し借りには注意した方がよいでしょう。また、キーワードの「恩が仇となる」にあるように、良かれと思ったことが思わぬトラブルとなります。

ダイヤの 10

keyword

正位置
引き継がれる資産
頑固一徹

逆位置
新しいものを受けつけない
じっと我慢することの大切さ

　ダイヤの 10 は、先祖から続く資産を受け取り、それに自らの努力を怠らずに重ねることでさらなる財産を築き上げることを表すカードです。やや保守的で古風な考えを持ちやすいでしょうが、現在の問題を解決するには先人の習いに従うことは決してマイナスではありません。

　人間関係も、旧友を大切にすることが多いでしょう。同窓会というイベントだけでなく、街中でばったり旧友と出会うこともあるでしょう。恋愛面でも他人が驚くような情熱さで、ということはありませんが、誠実に相手を思うことで恋を成就させることになります。

　仕事面では特に保守的な面が現れます。現在の仕事を地道にこなしていくことが幸運への近道なのです。いくら周りから誘われてもギャンブルや投機には手を出さないことです。

　逆位置で出た場合、頑固さがネガティブに働くことになり、何をやってもうまくいかなくなります。すべてにおいて失敗してしまう要因はあなたの「新しいものを受けつけない」態度にあるといえます。

ダイヤのJ（ジャック）

keyword

正位置	積極的な奉仕の心 冒険心溢れる
逆位置	遊び事に夢中になる 損得勘定が先行する

　ジャックは青年を表すカードですが、ダイヤのジャックでは裕福な財力を持つ青年となります。親からの資産を譲り受けたこの青年は、多くの人へ貢献と奉仕を果たします。ある時には良きアドバイザーであり、ある時には経済的な支援をしてくれる恩人であります。

　人づき合いでも恋愛でも悩みを解決する道標が現れますので、その導くままに進めばよいでしょう。

　仕事面では新しいプロジェクトは見切り発車レベルでもうまくいきます。「善は急げ」で成功するのです。

　新しいことに挑戦するのにも最適なタイミングですから、旅行などもオススメです。極端なことをいえば、冒険をするべきです。

　逆位置で出た場合、奉仕の心が空回りまたは欠如します。人間関係でも常に損得勘定ばかりが気になり結果としてこれまでの友情にヒビが入るかもしれません。恋愛でも相手の性格や自分との相性ということではなく、たんにお金持ちかどうかというレベルで見てしまうのです。知らず知らずのうちに相手の自尊心を傷つける言動も多くなるので気をつけるべきです。

ダイヤの Q（クイーン）

keyword

正位置	人々の注目を集める華やかさ 天性の才能
逆位置	高慢な女性 浪費癖

　クイーンは女性を表すカードですが、ダイヤのクイーンとなると、周囲からの注目と視線を一身に集める、女優のような華やかさを意味することになります。天性の美ともいえる美しさと気高さ、気品の良さを感じさせる女性が多くの人に幸せを分け与えてくれるでしょう。

　人間関係や恋愛でも華やかの一言。ややおしゃべりな傾向がありますが、それでも話し上手なために人との交流は絶えません。多くの人からアプローチを受けるせいなのか、結婚という点ではかえって晩婚傾向かもしれません。

　仕事面においても繁栄は間違いなく、買い物運や家庭運も派手になりますが、幸運となります。

　逆位置で出た場合、気高い魅力が正反対となり、わがままで品のない、感情の起伏が激しい女性という意味になります。何でもかんでも買ってしまう浪費癖で家計は火の車になることでしょう。地に足の着いた考えや建設的なことに目を背けがちです。とにかく誘惑に弱くなってしまうのです。

　また、このカードは、男性が引いた場合は女性に頭が上がらないという意味もありますので、周囲の女性を注意してみてください。

ダイヤのK(キング)

keyword

正位置	社会的成功 奉仕の心
逆位置	成金趣味 高慢さ

　キングは権力者を表していますが、どんな権力・能力を持っているかはスートによって意味が変わってきます。ダイヤのキングは、典型的な社会的成功者を表してします。

　仕事面では特にラッキーで嬉しいカードといえます。自分ががんばって汗をかいた分だけ収入が増え、成功が約束されます。仕事に対しての遣り甲斐がそのまま自分の人生の生き甲斐に結びつきますので、ごく普通の会社員であっても、フリーであっても、事業家であっても満足のいく生活が送れるでしょう。

　仕事というレベルにとどまることがなく、政治活動や社会福祉事業などにも興味を持ち、取り組むことがあるかもしれませんが、それも成功するでしょう。

　人づき合いにおいても積極的に人脈を広げ、恋愛でも相手に強気で迫ります。

　逆位置で出た場合、典型的な成功者のマイナス面である鼻持ちならない成金趣味が前面に出ます。「この世にお金で買えないものは何もない」と思い込み、本当に大切なものは何かを見失いがちです。また、時としてあなたの財産がなくなる可能性も暗示しています。あなたの心を強くするための試練が待ち構えていると思った方がよいでしょう。

クラブのA(エース)

keyword

| 正位置 | 周囲からの温かな祝福
幸せ |

| 逆位置 | 重大な問題が発生
不幸せ |

　クラブのスートは幸福を表すカードですが、クラブのエースの場合、この力が最も強く発揮されることになります。正位置のキーワードにあるように、「幸せ」な状況があなたに訪れます。

　人づき合いにおいては多くの人から信頼を得て、篤い友情を結ぶことができるでしょう。恋愛面でも周囲の祝福を受けて、お互いの愛情を確認し合える理想的な状況です。二人の恋愛を妬む人など誰もいません。結婚するにはベストタイミングです。家庭も平和そのものです。孤独を感じることがあったとしても、すぐに周囲からの温かな手が差し伸べられるでしょう。どのようなトラブルであっても、それはスムーズに解決できるはずです。

　仕事面でも成功につながります。市場を読んだ冷静なビジネススキルというよりも、あなたの人間力が運を味方につけているのです。周囲に乗せられることも多いかもしれませんが、積極的にどんどん推し進めて問題はありません。

　逆位置で出た場合、キーワードそのままに「不幸せ」があなたを襲います。しっかりとした計画に基づいたものであっても、思わぬところからほころびが出て、失敗に終わってしまいます。

クラブの 2

keyword

正位置
苦労に苦労を重ねる
努力が報われる

逆位置
ささいなケンカ
報われない努力

　クラブの2は、地道な努力を表すカードです。まるで一昔前のスポ根アニメのような血と汗と涙の過酷な努力が求められるのです。典型的な苦労人カードといえます。

　仕事面においては、急激な売上倍増や新規事業の開拓などではなく、着実に事業計画を進める、石橋を叩いて渡るような印象を持つことでしょう。華やかさとは正反対にあるものです。

　人づき合いでも苦労の連続です。友人からの無理難題や上司からの一方的な命令を受けることになりますが、それらはあなたの情が試されているということなのです。自分一人で苦労を背負いこんでいると思いがちですが、そのような時にこそ、周囲と協力し合い、助け合いの精神で一致団結することが求められるのです。

　恋愛面でも、やや持って回った表現となることが多いかもしれませんが、本当に相手のことを思うのならば、ストレートに伝えることが必要でしょう。

　逆位置で出た場合、正位置で意味していた強いられる努力が報われないことを表します。思うように進まず、焦ってしまい、より傷を深めます。ささいなケンカが多くなり、それが取り返しのつかないレベルにまで発展する恐れがあります。

クラブの 3

keyword

正位置	試練の先に幸福 弱気
逆位置	努力が実らない 気力がない

　クラブの3は、目の前の試練に悲しみ、立ち尽くすのみというカードです。「なぜ自分だけがこのような目に遭うのか」と嘆くことが多いもしれません。しかし、嘆いてばかりでは事態は進展も好転もしません。険しいからといって諦めることなくその壁に立ち向かってこそ、乗り越えた先には輝かしい未来と幸福が待っているのです。

　人間関係においてはあらぬ誤解を受け、心を痛めることが多いでしょう。自分を悪く言われたからといって拗ねたり自虐的になったりしてはいけません。このような時にこそ、常に誠実な態度を持って周囲に接することが必要です。

　恋愛面では二人の良い関係が崩れつつあります。誰かの妨害を受けることを暗示しているので注意しましょう。

　仕事面においては特に厳しい状況です。安易に新しいものに手を出したり、今の仕事を投げたりせず、現状に耐えることが好転のきっかけとなります。

　逆位置で出た場合、現在の試練に立ち向かったとしても失敗してしまうことを表します。どんなにがんばっても成果が出てきません。やる気もなくなり、さらに悪化するという負のスパイラルに陥りがちです。

クラブの 4

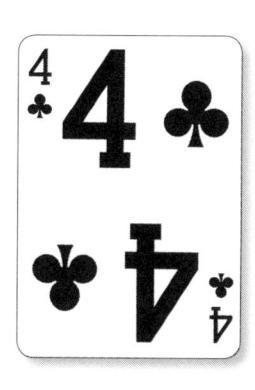

keyword

| 正位置 | 多くの人と幸せを分け合う
社会性 |

| 逆位置 | グループ内のいざこざ
エゴ |

　クラブの4は、自分個人ではなく集団の幸せを表すカードです。今抱えている悩みを解決することは自分だけを幸せにするものではなく、家族や友人、教室や職場環境など、あなたの周囲の人々にも幸福が伝え広まるレベルなのだと覚えておきましょう。人が人として生きるために必要な社会性や社会的な幸せをこのカードは教えてくれます。

　人間関係では多くの人から愛されるでしょう。

　恋愛面でも、高価なプレゼント贈ってご機嫌取りをするということではなく、じっくりと時間をかけて相手への思いやりを果たすことが解決する鍵となります。お金で問題解決はできないと言い聞かせておくべきです。

　仕事面でも、社内はもとより、場合によっては同業他社からのアドバイスや援助が期待できます。協働することによってスムーズに事が運びますから、無鉄砲なことはせずに、堅実に続けることが大切です。

　逆位置で出た場合、キーワードにある「グループ内のいざこざ」のように人間関係のトラブルに巻き込まれやすくなります。自分のエゴが問題を深刻にさせているのです。

クラブの 5

keyword

正位置
前進することでのみ成功
外に出る

逆位置
計画の挫折
やる気が空回り

　クラブの5は、とにかく突っ走る力強さを表すカードです。どんな障害物があろうともそれらを蹴散らして前進することで成功するのです。ゆったりとしたペースや遠回り、休み休みの前進では幸せは逃げていってしまいます。

　人間関係においては、とにかくあなたがリーダーシップを発揮して、グループを率いることが大切です。誰かに甘えるようなことでは問題は解決しませんし、周囲もあなたが積極的に関わることを望んでいるはずです。

　恋愛面ではさらに積極性や活発さが求められます。二人だけの秘めたる世界を作り上げるということではなく、周囲にもオープンにし、堂々とおつき合いすることが二人の幸せをさらに強くしてくれるのです。

　仕事でもひたすらにつき進むのみです。うまい話が来たらすぐに飛び乗る方がよいでしょう。チャンスがあればこれまでとは全く違う世界に羽ばたくこともオススメです。

　逆位置で出た場合、計画通りにいかないトラブルに見舞われることでしょう。積極的に前に進むのですがそれが空回りしてしまい、周囲から浮いてしまいます。落ち込むことが多いでしょうが、それにめげてはいけません。

クラブの 6

keyword

正位置
自分を諫める
謙虚さ

逆位置
一転してどん底に落ちる
高慢さ

　クラブの6は、今の自分を戒める役割を持ったカードです。人間誰しも自分が成功して繁栄している間は「我が世の春」と思い、おごり高ぶることが多いかもしれません。そのような状況に対して、このカードは謙虚さと他人との協力の大切さを説いているのです。

　人間関係においては、これまでの交流関係とは違う人づき合いが出てくるでしょう。初めての人と出会うことにとまどいを感じるかもしれませんが、すぐに打ち解けることができるでしょう。恋愛面でも、良き理解者を得られるでしょう。

　仕事面では、事業拡大や新規開拓、昇進など嬉しい話が多く出てきます。人づき合いと同じで新たな業務などを進めることになるかもしれませんが、このような時にこそ、現在つき合っている得意先との関係に気を配るべきです。

　逆位置で出た場合、このカードの基本的な意味である成功や幸福が崩れ落ちてしまいます。周囲からは非難の嵐を受け、進めていたプロジェクトが暗礁に乗り上げるなど、一転してどん底に落ちてしまうのです。この不幸を呼び寄せたのは、あなた自身なのです。キーワードでもある「高慢さ」が他人を遠ざけ、幸運が逃げ去ってしまったのです。

クラブの 7

keyword

正位置	思いがけない幸運 将来を見据える
逆位置	幸せを妬まれる 心身共に疲弊

　クラブの7は、良いことづくめのラッキーカードです。これまで努力してきたことが実を結び成功するという意味だけでなく、ある日突然幸運が舞い降りるという嬉しいカードなのです。

　人づき合い、特に恋愛面では最高のカードですので、あなたが待ち望んだステキな王子様・お姫様が現れることでしょう。ただ、時にあなたを妨害する人が出てくるかもしれませんが、仮にそれらを避けるために人間関係の整理整頓をしたとしても、トラブルに発展することはありません。

　仕事面においても、ライバルも出てくるかもしれませんが、事業は成功し、お金も地位も名声も得られるでしょう。

　逆位置で出た場合、幸運が一転して不運となります。あなたの幸せな生活が妬まれ、多くの敵が出てきます。誹謗中傷に詐欺、裏切りなど人間不信になるような仕打ちを受けることがあるかもしれません。もがけばもがくほど泥沼にはまっていくのです。心も身体も疲れ果ててしまうことを暗示しています。過度な期待は抱かずに、現状で満足する心構えを持ち、まずは自分の保身を第一に考えるべきでしょう。

クラブの 8

keyword

| 正位置 | スピードアップ
思い立ったら吉日 |

| 逆位置 | 急いては事をし損じる
ギャンブルで失敗 |

　クラブの8は、何事においてもスピードが求められることを表すカードです。迅速に行動を起こすことで、すべてが好転します。また、あなたを取り巻く状況もスピードアップの一途です。流れの速さに乗ることが大切なのです。

　人間関係でもスピードがポイントになります。友人からのアドバイスに対しては即受け入れることです。アドバイスの一つひとつを検討しているようでは問題は解決しませんし、アドバイスしてくれた友人も不愉快に感じることでしょう。

　恋愛面でも、大切なことは相手の気持ち云々ではありません。ともかく、自分の気持ちを一刻も早く行動に表して伝えることです。相手はあなたのアタックを待っていると考えましょう。

　仕事面においては、即断即決が成功の鍵です。ただし、お金が絡む問題では細部のチェックも怠らずに。キーワードにあるように「思い立ったら吉日」ですから、あなたの直観を信じて、恐れずに進んでください。

　逆位置で出た場合、スピードアップが拙速となって出てきてしまいます。このような時にこそ地に足を着けて、焦らず取り組むべきです。熟考する必要性が求められるわけですからギャンブルは厳禁です。

クラブの 9

keyword

正位置
備えあれば憂いなし
警戒心

逆位置
物事を受け流す
気が緩む

　クラブの9は、物事に対して警戒することの必要性と重要性を説くカードです。今まで物事が順調に進んでいて「こんなに簡単に事が運んでよいのか」と思ってしまうでしょうが、こういう時にこそ注意が必要です。

　人間関係においては、周囲と協力することで問題解決を図ることになりますが、その際はくれぐれも高慢さを出してはいけません。相手側の希望することを受け入れる度量の大きさを持ちましょう。

　恋愛面では臆病な気持ちが出てしまうために、二人の関係はそれほど進展しないでしょう。むしろ、相手の何気ない対応に自信をなくして、深く傷つくこともあるかもしれません。相手の好意を見極めることも大切です。

　仕事面では、特に警戒心を持って進めるべきです。仮に新規事業や起業を考えた場合、協働や共同出資などは避けるべきです。

　逆位置で出た場合、警戒心がなくなり、気が緩むことでトラブルが発生します。ただし、この場合、正面から取り組んでは事態は好転しません。タイミングよく避けることや受け流すこと、さらりとかわすことがよいでしょう。

クラブの 10

keyword

正位置	昔からの夢が叶う ギフト
逆位置	約束が破られる 地道な努力

　クラブの 10 は、あなたが待ち望んでいた夢が叶う、魔法のような力を表すカードです。欲しかったものが正位置のキーワードである「ギフト」として届きます。

　人間関係においては、明るく朗らかな雰囲気で多くの人が集まることでしょう。いわば、友情のギフトです。恋愛もギフトが届きます。長年憧れていた人や場合によっては全く面識のない人からの一目惚れのような愛情を受け取ることができるでしょう。ただ、本当に恋を成就させるには、あなたも少しだけ積極性を持った方がよいかもしれません。

　このカードが持つギフトは、どちらかというとあなた個人へのものですので、会社や仕事面において、ということはあまりないかもしれません。業績が上がって給料も増えるということではなく、転職や独立など、心機一転、新たな人生を歩むきっかけを与えてくれることを意味しています。家庭のある人は子どもがギフトということになるかもしれません。

　逆位置で出た場合、ギフトがもらえるという夢が破られる、つまりは「約束が破られる」ということになります。契約などすべてにおいて反故されるおそれがありますから、内容のチェックや相手の調査などをあらためてしっかり行うべきです。

クラブの J（ジャック）

keyword

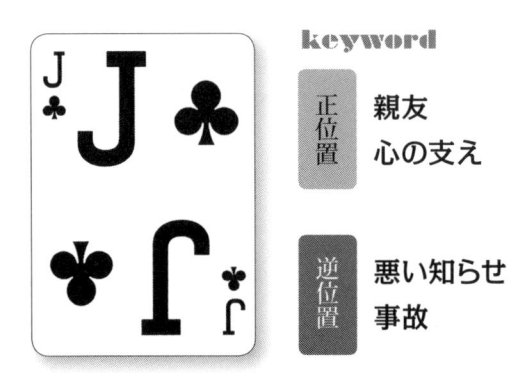

正位置	親友 心の支え
逆位置	悪い知らせ 事故

　ジャックは若い男性を表していますが、クラブのジャックの場合、常に友人を思いやる心優しき真面目な好青年となります。困った時に助けてくれる友こそが本当の友人といいますが、このカードはまさにそのような意味を持っています。

　人間関係においては、悩み苦しんでいるあなたに友人が救いの手を差し出してくれることでしょう。友人はあなたのためを思ってアドバイスや援助をしてくれるのです。それを疑ってはいけません。素直に受け入れることです。

　恋愛面では、愛情を多く得ることができますが、そのような場合は、なおさら慎重に対応すべきです。気をつけなければあなたの評価がガタ落ちしてしまいます。

　仕事面は、今の仕事に真面目に取り組むことが大切です。いろいろな事業に興味を持ち、目移りするかもしれませんが、売上はそれほど出ないでしょう。

　ジャックはタロットカードでいう小アルカナのペイジに相当します。ペイジは「何かを知らせる・伝える」というカードです。どのような知らせかは各スートによって異なります。このカードが逆位置で出た場合、「悪い知らせ」となります。事故の知らせや悲報、願いが聞き届けられない通知などさまざまです。

クラブの Q(クイーン)

keyword

| 正位置 | 母なる愛情
多くの人に慕われる |

| 逆位置 | 愛情が相手の重荷になる
知識不足 |

　クイーンは女性を表していますが、クラブのクイーンの場合、大きな海のような母性豊かな女性となります。泣いている人がいたらそっと抱きしめてくれるような、そんな母なる愛情溢れる人なのです。

　このカードは特に多くの人を引き寄せる力があります。多くの人から慕われ、信頼され、頼りにされます。来た人の名前がわからないほどの人の波が来るのです。恋愛面では、そのことが如実に表れ、一目惚れから告白まであっという間ですし、それで恋が成就するのです。一目惚れという意味においては、自分が好きになる場合もあれば、自分が相手から告白を受ける場合もあります。

　仕事面でも、順調そのものですが、人づき合いの多さから、やや出費がかさみます。家計の管理はしっかりした方がよいかもしれません。

　逆位置で出た場合、大いなる愛情がかえって問題を複雑としてしまいます。相手のためを思ってした行為が相手の重荷になるのです。自分が意図していなくてもそうなってしまいます。愛情だけではどうしようもない問題というのがこの世の中にはあるということを、頭の片隅に入れておく必要があるでしょう。また、キーワードにあるように「知識不足」による失敗も暗示しています。

クラブの K(キング)

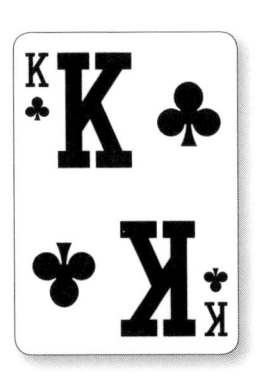

keyword

正位置	何事にも寛容 こまかい計画にこだわらない
逆位置	思わぬ誤解を受ける よくない評判

　キングは社会的に成功した男性であり権力者ですが、クラブのキングの場合、子どもを温かく包み込む親のような優しさを持った男性となります。どのような方面にも顔が利き、かつ、実力もある男性が現在の悩みに対して救いの手を差し伸べてくれることでしょう。この人物は弱きを助け強気を挫く高潔な人物です。信頼できる上司や男性からも尊敬されるリーダーなどです。

　人間関係においてはその包容力に多くの人が魅了され、慕い、集まってきます。恋愛面でも、相手のことを心の奥底から思い、行動するのですから、悪い結果となるわけがありません。このカードは、人との信頼関係で抜群に強く働くわけですから、仕事面では文句なく成功します。誠実な対応が万事順調の秘訣なのです。

　計画も順調に進みますが、分刻みのスケジュールを立てた場合は、その通りにはいかないでしょう。ただし、結果としてはもちろん成功を収めます。このカードは、そのような細かいことを気にする必要がないくらいの力があるのです。

　逆位置で出た場合、現在の社会的地位・名声が失われることはありませんが、評価に影を落とすことになります。重箱の隅をつつくようにミスを指摘され、それが後には大きな誤解を生むことになりますので、気をつけましょう。

スペードのA（エース）

keyword

| 正位置 | オールマイティー
強烈な力を手にすることができる |

| 逆位置 | 思わぬところから幸運が逃れる
運命に翻弄される |

　スペードのエースは、トランプの全カード中一番といえる強烈な力を表しています。私たち人間には手の施しようのない神の御業・運命の力といえます。強大な力は得てして災難を呼ぶことが多いのですが、このカードはまさにそれを物語っています。今までの不幸から逃れる救いの手や奇跡的なことが起こることも表しています。「オールマイティー」という意味では、自分の能力をいかんなく発揮できますし、どんなトラブルもすべて消し飛んでしまうでしょう。

　逆位置で出た場合、一転して不幸のどん底に落ちてしまう可能性があります。思わぬミスから成功の道が閉ざされます。他人に対して厳しく当たり、ちょっとしたことで口論になります。仕事においてもオーバーワークで体力を消耗してしまいます。ケガや病気、災難なども暗示しています。ですが、スペードは悪いカードではありません。何か運が下がってくることに対しての警告なのです。その意味では、逆位置で出た場合、不運だと決めつけず、慎重な計画を立てて進めた方がよいでしょう。

　また、このカードは他のカードの力を強める意味もありますので、その他のカードにも気をつけて読んでみてください。

スペードの 2

keyword

正位置	今までの安定が崩れる 波乱の幕開け
逆位置	人生における別れ 再スタート

　スペードの2は、波瀾万丈の人生を物語るカードです。正位置のキーワードである「波乱の幕開け」や逆位置のキーワードである「人生における別れ」と「再スタート」が暗示しているのは、引っ越しや転勤・転職、場合によっては失業・退職、別離などです。基本的にあまり良い意味でとられることのないカードですので、人間関係においては言わなくてもよいことを言ってしまい関係にヒビが入るとか、はっきりとしない愛情や家庭内の一時的なトラブルなどを表します。

　仕事面においてもライバルが現れることで思うように事が進まず、集中できない状況になるでしょう。

　逆位置で出た場合、現状が好転することはありません。これまでの努力の甲斐無く孤立無援の状態になりやすいでしょう。

　ただし、正位置・逆位置ともに何かが起こる前触れを表しているにすぎません。新たな第一歩の結果は他のカードを見ることになります。

　これまでの思い出を整理することで今の自分の立ち位置をしっかりと見据え、強い意思が何よりも大切です。過去を恨むことだけは厳禁です。

スペードの3

keyword

| 正位置 | すべてに対する激しさ
お互いを傷つけ合ってしまう |

| 逆位置 | トラブルの泥沼化
現状から逃げることでの解決 |

　スペードの3は、対立を象徴するするカードです。今までの良好な関係が崩れるような、心変わりの様子です。これは相手や状況が変わったということだけでなく、自分も気がつかないうちに変わってしまったという意味も含んでいます。
　人づき合いにおいてはトラブルが多発し、自分に関係ないことでもいざこざに巻き込まれてしまうことを暗示しています。恋愛面においては相手の浮気や嫉妬など、相手の本心が見えない状況です。家族の間でもちょっとした誤解が発生しやすく、原因は単純でも傷は深くなってしまうことが多いのです。
　仕事面では「自分がやらなければいけない」という気ばかりが焦ってしまい、空回りとなります。無駄な出費も増え、予定していた計画も狂ってしまうことが多いでしょう。
　逆位置で出た場合、状況がさらに悪化し、泥沼化してしまう可能性を暗示します。当事者間だけではなく、第三者の余計な介入など手の施しようのない問題となってしまうのです。ただし、泥沼化を示す一方で、その問題から逃げることの有効性や正当性なども意味しており、深く関わらないことで状況が好転することもあるでしょう。時には「逃げるが勝ち」ということもあるのです。

スペードの 4

keyword

| 正位置 | ちょっとしたミスが命取り
身から出た錆 |

| 逆位置 | 立ち直り
苦労が実を結ぶ時 |

　スペードの4は、大きなマイナスの変化を表すカードです。それはちょっとしたミスや病気などの不幸が、気がつかないうちに、取り返しのつかないレベルにまで発展してしまうということです。軽率な判断が悪化を招きますが、その悲劇は偶然起こったものではなく、自分が種を蒔いたものなのです。

　自分至上主義となりがちなために、相手の協力が必要な場面においてマイナスな力となってしまいます。ビジネスでも恋愛でもお互いの損得勘定ばかりが先行してしまうのです。

　また、このカードは病気を暗示することが多く、思わぬ病気やケガをしてしまうこともあるので、健康には十分注意をした方がよいでしょう。経済的にも不安になるような出来事が起こります。

　逆位置で出た場合、正位置の意味とは反対となり、これまでの苦労が報われて成果を得ることを表しています。トラブルがなくなり、平和な生活が望めます。

　平穏を手にするには、人の善意を信じることと、ささいなミスもすぐにカバーすることです。すぐに諦めたり、物事を甘く見てしまう姿勢が不幸を招くのです。

スペードの5

keyword

| 正位置 | 二つの間の板挟みで苦労する
一人で考え込む |

| 逆位置 | 余計な口出しをする
他人に利用される |

　スペードの5は、何か二つの立場の間に挟まって悩まされることを表すカードです。両方に対して中立を保とうとしてもそうはいかず、苦境に立たされます。

　他人を思いやるカードですから、人づき合いにおいても無理難題を押しつけられることが多く、気苦労が絶えません。恋愛になるとさらに悩みは深くなり一人であれこれ考えてしまうのです。仕事面でも同じことなのですが、状況を打破するには積極性が必要ということを肝に銘じるべきでしょう。新しいアイデアが浮かんだらまずは実践してみることです。

　家庭面でも相手を思いやる気持ちと行動が円満な生活を築き上げます。

　逆位置で出た場合、人の良さを他人に利用される可能性を示しています。余計な口出しによる失敗のおそれもありますから、自分の言動には十分注意した方がよいでしょう。安易に他人を信じるのではなく、時には疑うことも大切です。

　あれかこれかで板挟みとなり、窮屈な思いをすることが多いのですが、客観的な判断を心がけることでおのずと成功は見えてくるでしょう。過剰に反応してよくよくしないことです。

スペードの 6

keyword

| 正位置 | 苦あれば楽あり
災い転じて福と成す |

| 逆位置 | 悲しみに耐えきれない
すべてが台無しになる |

　スペードの6は、スペードの中では最も良い力を持つカードといえます。苦労が絶えず、問題も山積みかもしれませんが、それを克服して成功するだけの力があります。運もあるので、突然の不幸も結果として幸運を招くことになるのです。

　状況が刻々と変わるために、決断の早さと忍耐強さが求められます。仕事が忙しいからといって友人とのつき合いを疎かにするのはいけません。約束は厳守するという強い気持ちが大切になります。恋愛面でも、二人の間を中傷するようなことが出てくるかもしれませんが、お互いを信じ合うことでより一層強く結ばれるでしょう。もし関係がこじれてしまったのなら、辛抱強く説得するしかありません。

　逆位置で出た場合、それまでの幸運が一転して深い悲しみとなってしまいます。話し合いを大切にすること、家族や友人からの助言に素直に頷くことがあなたの孤立を防ぐポイントです。良きアドバイスを得られるでしょう。

　また、いくらこのカードが最終的に成功を収めることを表しているとはいえ、努力を放棄してはいけません。ミスが起きても慌てることなくがんばり続けることが大切です。

スペードの7

keyword

正位置
悲哀を味わう
深く考えすぎてしまう

逆位置
チャンス到来
自分の力で道を切り開く

　スペードの7は、難問に直面した人が選ぶことが多いカードです。恋愛でも仕事でも何でも、自分がどのように判断したらよいかと考えあぐねているわけです。この問題から逃げることなく取り組むことによって、明るい将来が見えるでしょう。
　スペードの7が暗示する難問に失敗した場合、これはつまり正位置で出た場合ですが、悲哀を味わうことになります。恋愛ならば失恋。仕事ならば事業の失敗や思い通りにいかなくなるなどです。これらの失敗は、あなたの強引さとそれと表裏の考えすぎてしまう神経質な面が呼び寄せたものです。早めの対応と意地を張らずに素直な心構えを持つことが大切です。何事も無理をしてはいけません。
　逆位置で出た場合、難問が解決し、幸せが到来することを予感させるでしょう。多くの面でチャンスが来ます。このような時には、あなたの強引さはプラスになります。アクティブに行動することで幸運を自分の手にすることができるでしょう。壁を乗り越えることであなたはさらに成長できます。そのためには、「為せば成る」と言い聞かせることです。

スペードの8

keyword

正位置　理想のために自分を捨てる
　　　　義理立て

逆位置　我が道を行く
　　　　一時的な失敗

　スペードの8は、自分を押し殺し他人に尽くすカードです。自己犠牲の精神溢れるカードです。一時的にマイナスな状況に陥るかもしれませんが、真の幸福のためにはそれも避けては通れないのです。

　人間関係では、誤解を受けるおそれがあります。時には裏切りということもあるでしょう。

　恋愛面では友情から始まる恋を表します。場合によっては義理的なつき合いもあるでしょう。

　仕事面でも致命傷とまではいかないのですが、トラブルに巻き込まれ、失敗を予感させます。家庭内でもちょっとした愚痴から家族問題に発展する可能性がありますから注意が必要です。

　逆位置で出た場合、正位置とは反対の意味となり自己犠牲ではなく、自分の主張を押し通すことで成功の道が開けることを意味しています。失敗したとしてもそれはキーワードにあるような「一時的」なものですから安心してよいでしょう。

スペードの9

keyword

正位置	すべてが裏目に出る さらに不幸になる
逆位置	最悪の状況を脱する 希望が持てる

　スペードの9は、不幸のどん底に落ちてしまう最悪のカードです。自分がよかれと思ってやったことすべてが裏目に出てしまうのです。かといって状況に身を任せていてはさらに悪化するばかり。まさに不運なのです。
　このカードは他のカードとの組み合わせに注目すべきカードともいえます。
　人間関係では孤立無援の状態に陥り、誰も助けてくれません。友人とのケンカが起こりやすいのです。恋愛面でも失恋や破局など、幸せが逃げていきます。
　仕事面でも最悪の状況となり、赤字事業を表しています。新規企画の立ち上げをしたとしても成功することなくマイナスになります。順調に進んでいたプロジェクトも思わぬトラブルが台無しにしてしまいます。
　家族間の問題も起こりやすく、何よりも、事故を予感させるためにイベントなどに出かけるのは控えた方がよいでしょう。精神的な苦悩だけでなく経済的な不運にも遭いやすいのです。ケガや病気も暗示しています。
　逆位置で出た場合、最悪の状況から脱して、将来に希望が持てるようになるでしょう。

スペードの 10

keyword

正位置
暗闇の先に見える希望の光
現状に耐えること

逆位置
チャンスを生かせない
典型的にツイてない

　スペードの 10 も、不運やツキがないことを表す悲しみのカードです。ただし、不運な状況も間もなく終わり、あなたの行く先には明るい未来が待っています。暗闇の中でもがくことが多いかもしれませんが、それに耐えることが大切です。

　人間関係では身に覚えのないことで非難を受け、友情にヒビが入るでしょう。恋人からの誤解も受けやすく、他人の口ゲンカに巻き込まれやすいのです。何気ない一言が相手を傷つけることになりますので言動には気をつけましょう。

　仕事面でも芳しくありませんが、だからといって無理なカイゼンは逆効果。今を堪えしのぐべきです。また、大切な物を紛失することも暗示していますので注意しましょう。

　逆位置で出た場合、典型的なツイてない状況となります。名誉挽回、汚名返上のチャンスが来たとしてもそれを生かせないのです。ただし、最悪の状況に落ちるというレベルではなく、ツキはすぐに戻ってきます。

　いずれにせよ、慌てず取り乱さず、静観することです。不運なことが起こったとしてもそれに落ち込む様子を見せてはいけません。周囲にもマイナスのオーラが伝わり、立ち直りが遅れてしまうからです。

スペードの J（ジャック）

keyword

| 正位置 | 有能だけれど自己中心的な青年
悪意はないけれど計画が中止になる |

| 逆位置 | 軽率で無駄な行動
突発的だが悪意ある事件 |

　ジャックは若い男性を表しますが、スペードのジャックの場合、力のある意欲的な若い男性となります。中庸という言葉はなく、成功するか失敗するかどちらかの極端な考え・行動を取るために状況としても一か八かということになります。

　人間関係では多くの仲間を得ますが、同時に敵も作ってしまいます。良くも悪くも人気者としての立場になりやすいのです。恋愛でも情熱的な関係となりやすいのですが、熱しやすく冷めやすいということもあるでしょう。

　仕事面では有能さをいかんなく発揮してバリバリと進めますが、思わぬところからの横やりで計画が頓挫する可能性もあります。恋愛でもいえることなのですが、悪意はないけれど結果としてうまくいかないケースが多いのです。

　逆位置で出た場合、基本的には正位置と似たような意味になりますが、さらに軽率さが強まります。無責任な人や行動に振り回されてしまうのです。正位置とは反対に悪意ある者が現れることも暗示しています。特に金銭的な問題では要注意しましょう。頼まれ事も思うようにいかないことが多いので、安易に相談に乗らないことです。

スペードの Q（クイーン）

keyword

| 正位置 | お節介な女性
意地悪で気まぐれ |

| 逆位置 | 欲の深い女性
愛情を欲している |

　クイーンは女性を表しますが、スペードのクイーンの場合、気まぐれでわがままな女性、年配の女性となります。同性からも嫌われる女性であるともいえます。

　人間関係でも他人のために尽くそうとはしているのですが、それが相手に受け取られることなく、悪役になってしまうことが多いでしょう。恋愛では幸せなカップルに水を差すような行動に。

　逆位置で出た場合、さらにこのような女性の力が強く出ます。つまり、あれもこれも何でも欲しいという、わがままさが際立つのです。お金やモノだけではありません。地位や名声、特に愛情を欲するがゆえに腹黒い行動を取るようになります。陰口をたたかれることもあります。

　いずれにしても、スペードのクイーンが出た場合は、女性のトラブルに注意する必要があります。その問題に直接または具体的な女性が現れなくても、このような行動を取る人物に気をつけることです。

スペードのK（キング）

keyword

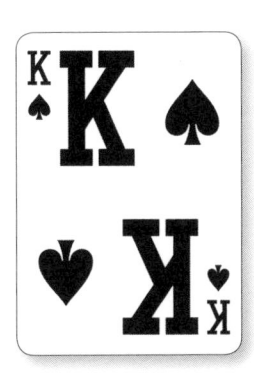

正位置	野心を持つ 向上心がある
逆位置	周囲からの批判 策略にはまる

　キングは権力者を表すカードですが、スペードのキングの場合、成功や権力を求める野心家となります。危険な男性ということもあるでしょう。自分の力を誇示し、他人を支配下に置きたいという思いが強くあるのです。成功を得るための向上心に溢れていることも表します。

　人間関係では多くの人が集まりますが、これは良い人も悪い人も来るということです。強気な対応は恋愛面でも出てきます。強引さが相手に嫌われることもあるから要注意です。

　仕事面では数多くの障害が待ちかまえていたとしても、それらすべてを乗り越えるだけの絶大な力がありますから、心配はないでしょう。経済的な安定もあります。どのような場面においても、押して押して押し通すことになります。

　逆位置で出た場合、野心や野望に対して足下をすくわれる警告を意味します。裏切り行為など周囲の策略により失望することになります。狙われているのはあなたの社会的な地位だけではなく財産や仲間などすべてにおいてです。判断ミスを生じやすい時期でもありますから、強引さではなく慎重さを持って対処した方がよいでしょう。

スートと小アルカナの関係

トランプとタロットにつながりがあることは説明しましたが、各スートとタロットの小アルカナの対応は以下の表のようになります。また、各スートは、春夏秋冬や東西南北、星座、過去現在未来のどれを重視するか、年月日など多くの事柄と関連性があります。

♥ハート	小アルカナの聖杯（カップ）、春、東、水の星座（蟹座、蠍座、魚座）、過去を重視、年月日の週
◆ダイヤ	小アルカナの金貨（コイン）、夏、南、地の星座（牡牛座、乙女座、山羊座）、現在を重視、年月日の年
♣クラブ	小アルカナの棒（ワンド）、秋、西、火の星座（牡羊座、獅子座、射手座）、未来を重視、年月日の日
♠スペード	小アルカナの剣（ソード）、冬、北、風の星座（双子座、天秤座、水瓶座）、現在を重視、年月日の月

第3章 トランプ占い

この章では、トランプ占いの基本から各スプレッドまでを順番に説明していきます。トランプ占いは使うカードの枚数が多いものがほとんどで、はじめのうちは、枚数の多さにとまどってしまうことがあるかもしれません。そのような場合は、全体ではなく、「過去」、「現在」などの位置に注目してそのブロックごとに読んでいくという方法がよいでしょう。

ゲーム的要素があるのもトランプ占いならではの魅力です。

1 トランプ占いの基本

どのスプレッドでも準備は一緒
ステップ3のシャッフルは省略してもOK

　カードのイメージがつかめたら、早速、占いに入ってみましょう。トランプ占いは基本的にタロット占いと同様の手順を踏みます。

　以下に各ステップを説明していきますから、イラストを参考にしながら、慌てずやってみてください。

Step.1　カードを混ぜ合わせる

　トランプの山を裏向き（数字が書かれていない面です）にして目の前に置きます。カードがひっくり返って表にならないように気をつけながら両手で山を崩し、ゆっくりと両手で時計回りにカードを混ぜ続けます。混ぜ合わせる回数や時間に決まりはありませんので、あなたの心が落ち着き、かつ、「これで十分だ」と思えるまでやりましょう。ポイントは、①どのような悩み・質問をカードに聞くか、②どのスプレッド（カードの展開方法です）を使うかをはっきりと念じることです。複数の質問が浮かんだり、スプレッドが決まらないままだと、カードのメッセージがわかりづらくなりますから注意しましょう。

Step.2　カードを一つの山にまとめる

ステップ1での混ぜ合わせが済んだら、両手でまたカードを一つの山にまとめます。カードはタテの方向にまとめますが、ヨコでまとめてしまった場合は、カードの左側を頭にしてください。

Step.3　カードをシャッフルする

カードをまとめて手に持ち、下のカードと上のカードを混ぜていきます。トランプゲームなどでお馴染みの方法です。シャッフルする回数に決まりはありません。ここでもどのようなことを質問するかを強く念じてください。なお、このステップは省略しても問題ありませんので、ステップ1のカードの混ぜ合わせであなたの思いが十分にカードに伝わったと感じたのならば、このステップ3を飛ばして、ステップ4に進んでください。

Step.4　山を三つにカットしてまとめる

まとめたカードの山を三つに分けます。三つの山は均等になっていなくても大丈夫です。それを分けた順番とは違う順番でもう一度一つの山に戻します。自分を占うのではなく、相手を占う場合は、その相手が戻す順番を指差ししてもらいます。これでトランプ占いの準備は完了しました。スプレッド解説のページを参考にしながら、自分で好きなスプレッドを展開してみてください。

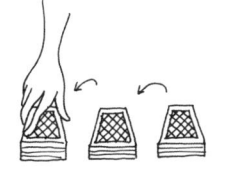

2 トランプ占いのQ&A

はじめてトランプ占いを行う場合、いろいろな疑問・質問が出てくるかもしれません。そこで、以下によくある疑問・質問をまとめて取り上げてみます。

Q. トランプ占いはどんな悩み事でも大丈夫？

A. あまりにも漠然とした悩み（「私の将来はどうなりますか？」など）では、カードからのメッセージも漠然としたものになってしまいます。十分に慣れ親しんだ上でなら、直観により読み取ることも可能ですが、はじめの頃は避けるべきです。内容をより具体的に絞り込むことも大切ですので、例えば、恋愛相談なら「恋人ができますか？」というのではなく、「今、気になっている人がいるのですが、相手とはどのように接すればいいですか？」とか「この恋はいつ頃に成就できますか？」とした方がよいでしょう。「イエス」か「ノー」かぐらいの簡単さが一番です。

Q. トランプ占いをする時の心構えは？

A. 占うテーマやスプレッドを決めてから、トランプ占いを始めてください。占いの最中はその相談内容だけを考えるようにし、雑念が入らないことがベストです。焦ることなく、落ち着いた気持ちでカードと向き合いましょう。また、気分が落ち込んでいる時は、冷静な判断ができにくいので、気持ちが乗らない時は避けた方が無難です。

Q. トランプ占いをするのにふさわしい時間は？

A. 占いをする時間ですが、自分の気持ちが落ち着き、カードに集中できるのであれば何時でも構いません。集中できるということでは、外の騒音なども静まった夜がベストかもしれません。ただし、夜といっても午前1時以降の深夜は避けた方がよいでしょう。これは、深夜に占う場合、「いつに占ったものなのか」が曖昧となってしまうことと、「草木も眠る丑三つ時」に当たるからです。丑三つ時には化け物や幽霊が出ると言い伝えられていますが、つまり深夜は悪い気に当たりやすいということです。悪い気に当たってはまともな判断ができるはずがありません。深夜は占いを避けると覚えておきましょう。

Q. トランプ占いに最適な場所は？

A. トランプ占いをする場所ですが、気分を落ち着かせるためにも静かな場所を選びましょう。過剰な音と光はあなたの感覚をマヒさせるおそれがありますから、テレビは消して、音楽を流す場合でもボリュームは小さめにし、部屋のライトもできれば弱め、間接照明ぐらいの明るさがよいでしょう。自分の家ではなく、カフェなどでトランプ占いを行うこともあるでしょうが、その時は、出入り口などの大勢の人が出入りする場所は避けましょう。

Q. カード以外にトランプ占いをするのに必要な道具は？

A. テーブルの上でスプレッドを広げると、思いのほか、カードがつかみにくかったりします。テーブルにキズがあったりするとでこぼこして混ぜ合わせにくいはずです。何よりも、大切なカードが汚れやすくなります。できることなら、テーブルクロスや清潔で柔らかい布などを敷いて占いを始めてください。デザインも自由ですが、布に装飾があるのはカードが引っかかってしまいますから避けましょう。専用のタロットクロスを使うのもオススメです。お気に入りのクロスならあなたの集中力もさらに高まることでしょう。

Q. 混ぜている最中に カードがめくれてしまったら?

A. カードを混ぜている時に、伏せていたカードがめくれて表面が見えてしまったり、シャッフルしている時にカードが手から滑り落ちてしまうことがあるかもしれません。別に1枚や2枚が飛んだり見えたりしても、それほど深刻に思う必要はありません。すぐに戻して、占いを続けてください。ただし、あまりにも何度もカードが飛び出してしまうようなら、それはあなたの気持ちが占いに集中できていない証拠です。一呼吸して、もう一度最初からやり直した方がよいでしょう。

Q. 1日に何回も占って大丈夫?

A. 違うテーマで占うのなら問題はありませんが、全く同じ内容を占うのはタブーです。何度もやり直すほどにわけがわからなくなってきますし、あなた自身の運勢も下がってしまいます。結果に納得できなくとも、1回で止めるべきです。

Q. カードはゲームにも使っても大丈夫？

A. トランプ占いで用いるカードはトランプ占い専用にしましょう。ゲームでも用いるとなると、あなた以外の多くの人がそのカードを手にすることになります。基本的に、占い道具はその持ち主だけが触るものです。ですから、できれば、他の人があなたのカードを使って占いをすることも避けるべきです。また、本書で説明しているように、トランプ占いにはカードの正位置と逆位置があり、その見分けのためにオリジナルのマークをつけることになりますから、ゲーム用としても不向きといえます。

Q. トランプ占いではどのくらい先まで占える？

A. トランプ占いで将来を占うこともできますが、どのくらい先までできるかというと、約1年が目安となります。また、占いで「いついつまでに〜」と具体的な時期を設定していない場合は、だいたい3ヶ月先までの間で起こること、というふうに理解してよいでしょう。ですから同じテーマで占うのならば、3ヶ月後に占った場合、状況ががらりと変わっていることもあります。

Q. 占っている途中で止めても大丈夫？

A. 占いを始めたら、一つの占いが終わるまでは基本的に中断してはいけません。どうしてもいったん止めて席を外さなくていけない場合は、戻ってきてから、もう一度最初からやり直してください。スプレッドの手順を間違えてしまった場合も同様です。占っている最中に気分が乗らなくなり、止めたい時があるかもしれませんが、その時でも、カードをすべて並べて、全部表に出してスプレッドを完成させてから終えるようにしてください。

Q. 自分ではなく相手を占う場合の注意点は？

A. はじめは自分自身を占うことで精一杯だったのが、慣れてくるにつれて他の人を占うことがあるかもしれません。相手の悩み事を占う場合の注意点としては、自分の時以上に相談内容を理解することが大切です。自分の悩みを他人に伝えるのは難しいことですから、占い始める前に、しっかりと話を聞きましょう。

Q. カードの置く位置を間違えてしまったら?

A. トランプ占いは1枚や2枚というレベルではなく、多数枚のカードを使うスプレッドが多いのが特徴です。そのために、占っている最中に、カードの位置を間違えてしまうことがあるかもしれません。あまり気にせずそのまま占いを続けても問題はありませんが、結果やまとめの位置などの大事なところで誤ってしまった場合は、はじめからやり直した方が無難といえます。

Q. 悪い結果の場合はどうしたらよいですか?

A. 占って悪い結果が出た場合、誰もが落ち込むことと思います。ですが、はじめにも説明したように、カードが「悪い結果」を伝えたいのではなく、「悪い結果」を招くおそれを警告してくれているのです。天気予報のたとえになってしまいますが、「明日は雨が降る(＝そのためにあなたは濡れてしまい風邪を引くかも)」という暗示がされた場合、「雨が降っても濡れないように傘を持つ」「外出を控える」「体調管理により気をつける」という対応を取ればよいのです。反対に、良い結果が出たとしても、自分から積極的に行動しなければ幸運は手に入らないのです。いずれにしても、カードからのメッセージをうまく活用することが大切です。

Q. カードの正しいしまい方は？

A. 占い終えたカードは、スート別に順番に並べ直して箱にしまいます。スートの順番や数の並び（エースからキングでも、キングからエースでもどちらでもよいです）に決まりはありません。黒い布があるのなら、それで箱を包んでください。後は、いつもの決めた場所にしまいます。

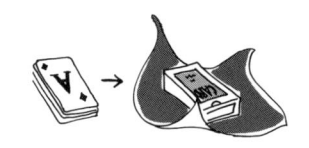

Q. 買ってきたカードをすぐに占いに使っても大丈夫？

A. 新しく購入したカードは、必ず聖別（トランプ占い専用のカードとして使うための宗教的な儀式のことをいいます。朝陽に当てて浄化させるとか、香油やお水を垂らして浄めるとか、布に包んで静かな場所に放置するとか、カードを前に瞑想するとかさまざまな方法があります）しなければいけないというわけではありません。気になる人が行うぐらいで十分です。ただし、できれば買ってきてすぐに占いを開始するのではなく、すべてのカード1枚1枚をじっくりと手に取り見つめてください。いわば、各カードとの挨拶です。

Q. 破損したカードでも占いに使って大丈夫？

A. カードは長年使うことで汚れたり、破けたりすることがあるかもしれません。カードの汚れ自体には占う上で何ら問題はありませんが、擦り切れや破れ目などがあるとシャッフルがしづらいかもしれませんので、その場合は新しいカードを用意した方がよいでしょう。

Q. カードを処分したい場合は？

A. ボロボロで占い道具として使えなくなったカードや、どうしても処分したいというカードは、しまい方と同様の手順でまとめ、心の中でカードに御礼の言葉をちゃんと述べて箱に包み、さらに紙か布でくるんで外からはカードか何かわからないようにして処分してください。決して、箱に入れずにバラバラの状態で捨てることやカードをシュレッダーにかけたり、ハサミで切り刻んで捨てたりすることだけは止めてください。

Q. カードの正位置と逆位置はどうやって区別するの？

A. トランプ占いではカードの正位置と逆位置が重要になってきますが、カードを見ると、「どちらが上で、どちらが下なのか」かがわかりません。カードによっては裏面のデザインで判断するということでもよいのでしょうが、それもできない場合が多いでしょう。そこで、カードの表面にあなただけのオリジナルの目印をつけることをオススメします。自分のイニシャルでも好きなマークでも、単純にラインだけでも構いませんので、あなた自身が「こちら側が正位置だ」とわかるようにしてください。キレイに作りたい人はシールを張るのでもよいでしょう。カードに手を加えることをためらう人がいるかもしれませんが、マークやシールを貼る行為でカードとあなたの相性がさらに高まりますので、こわがらずにやってみてください。ただし、カッターなどでカードにキズをつけるようなことだけは避けましょう。

3 今日の運勢

今日一日はどんな日？

　まずはトランプ占いに慣れるためにも、簡単な2枚引きを始めてみましょう。この占いでは今日の運勢を知ることができますので、朝のちょっとした時間に占ってみてください。前の日の寝る前などにやってみるのもよいかもしれません。

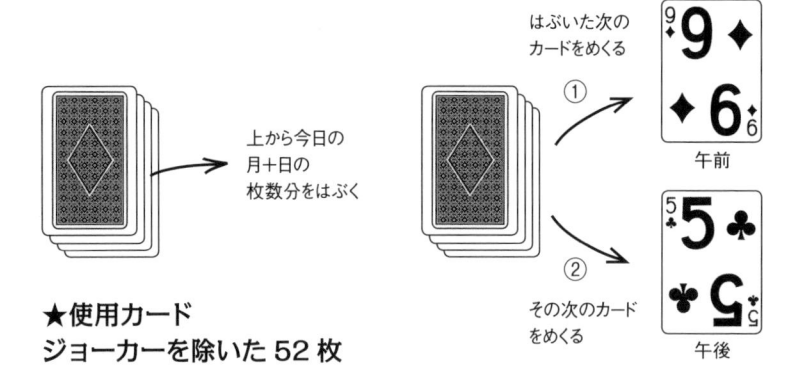

★使用カード
ジョーカーを除いた52枚

Step.1 トランプ占いの基本（70ページ）の手順を踏んで、カードを一つの山にしてください。※この占いはカットだけでも問題ありません。

Step.2 今日の日付（または運勢を占いたい日付）の月と日を足して、その数だけカードの上から枚数をはぶきます。例えば、11月8日なら、11＋8＝19となり、19枚をぶくことになります。

Step.3 はぶいたカードの次のカード（つまり、11月8日の例では上から20枚目）をめくります。これが占いたい日の午前の運勢です。その次のカード（21枚目）もめくります。これが午後の運勢です。カードの意味は各ページを参考にしてみてください。

ケーススタディ　12月24日の運勢は？

① Q♣（午前）　② J♠（午後）

　12（月）＋24（日）＝36 ですから、カードの上から37枚目を午前として、38枚目を午後としてめくります。

　午前の位置には、クラブのクイーンが出ました。正位置のキーワードは「多くの人に慕われる」とあります。周りからの注目を集め、人気者として過ごすことができるでしょう。

　午後の位置には、スペードのジャックが出ました。キーワードは「悪意はないけれど計画が中止になる」とあります。2枚を総合して読むと、多くの人と楽しい時間を過ごすことができるのだけれど、それによってあなたの当初の予定が遅れてしまう、ということになるでしょう。おそらく、いろいろな方面から遊びのお誘いや楽しいお喋りで、気がつくと時間がオーバーしていた、ということになるのかもしれません。約束の時間に気をつけて行動してみたらどうでしょうか。

=== 占いのポイント ===

まずはスートが何かを確認しましょう。ハートならば恋愛運が好調でダイヤなら金運、クラブなら人間関係や仕事運が好調と読めます。反対にスペードが出たら何らかのトラブルに注意しましょう。また、数の強さによっても吉凶が変わります。最も強い力を持つのがエースで、次にキング⇒クイーン⇒ジャック⇒10〜2となります。この占いでは正位置と逆位置は問いませんので、正位置として読んでください。

4 フォーマインド

気になる相手との相性は？

　恋愛問題に限らず、人と人の関係はとても複雑なものです。職場で、学校で、地域で悩みを抱えることも多いでしょう。そこで、あなたとあなたの気になる相手の相性を見るスプレッドを紹介したいと思います。この「フォーマインド」は相手の表層的な気持ちと深層心理だけでなく、あなた自身の深層心理もカードから読み解くことができます。また、トランプの各スートには相性というものが存在しますので、大まかな相性もわかるのが特徴です。

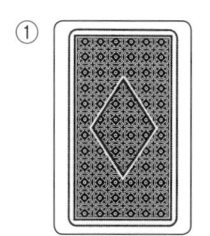

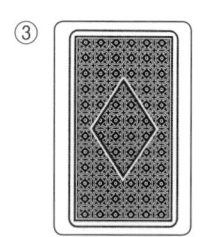

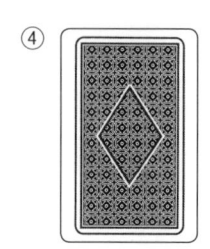

① 自分の表層心理
② 自分の深層心理
③ 相手の表層心理
④ 相手の深層心理

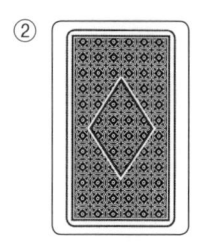

★使用カード………ジョーカーを除いた52枚

Step.1 トランプ占いの基本（70ページ）の手順を踏んで、カードを一つの山にしてください。

Step.2 自分の誕生月日をバラバラにして足した数をカードの上から数えて「自分の表層心理」の位置に置き、その次のカードを「自分の深層心理」の位置に置きます。例えば、自分が12月17日生まれなら、1＋2＋1＋7＝11となり、カードの山の11枚目が「自分の表層心理」で12枚目が「自分の深層心理」となります。この時、カードは裏向きのまま置いてください。

Step.3 ステップ2と同様にして、残った手札から相手の誕生月日をバラバラにして足した数を除いたカードを「相手の表層心理」の位置に置き、その次のカードを「相手の深層心理」の位置に置きます。例えば、相手が3月20日生まれなら、3＋2＋0＝5となり、残った手札の5枚目が「相手の表層心理」で、6枚目が「相手の深層心理」となります。なお、相手の誕生月日がわからない場合は、残った手札の7枚目を「相手の表層心理」とし、さらにそこから7枚目（数えて14枚目）を「相手の深層心理」としてください。

Step.4 カードは「自分の表層心理」⇒「相手の表層心理」⇒「自分の深層心理」⇒「相手の深層心理」の順番で左側からカードをめくってください。

Step.5 各カードの意味（正位置・逆位置含めて）を読み解き、各スートにおける「表層心理」同士の相性と「深層心理」同士の相性を次ページのスート相性表よりチェックしてください。

スート相性表

♥ハート×♥ハート	○ 80%	仲良くなったらどんな時も一緒にいたいというべったりした組み合わせ。二人だけの世界を作りやすいでしょう。
♥ハート×◆ダイヤ	◎ 100%	ハートもダイヤも遊び感覚の交際はNGなタイプですから、心の奥底までつながる、生涯のパートナーとしての関係を築けそう。
♥ハート×♣クラブ	× 40%	ハートとクラブでは価値観が正反対。クラブのマイペースさにハートがやきもきしてしまいます。どちらかが譲歩しなければいけません。
♥ハート×♠スペード	△ 60%	ハートの感情的な態度にスペードが面倒だと思うかも。お互いの距離感がポイントです。メールを上手に活用してみて。
◆ダイヤ×◆ダイヤ	○ 80%	しっかりとした考えの持ち主同士、意外と話が合うかも。普段の食生活やオシャレなどをテーマとして長時間でも楽しく話せるのでは。
◆ダイヤ×♣クラブ	△ 60%	共通認識が持ちづらい組み合わせです。ダイヤの「今を見る」視点とクラブの「明日を見る」視点がかみ合わないのです。
◆ダイヤ×♠スペード	× 40%	ダイヤの地に足着いた考え方とスペードの柔軟さが「水と油」になってしまっています。歩調を合わせようとしてもぎこちないかもしれません。
♣クラブ×♣クラブ	○ 80%	お互いが自己主張をして譲りませんが、もともとの感覚が似ているのでケンカすることはないでしょう。同じ目標があるとなおよし。
♣クラブ×♠スペード	◎ 100%	お互いのテンションが上がる理想的な組み合わせ。弱点をカバーできるから、仕事でも遊びでも一緒に楽しく過ごせそう。
♠スペード×♠スペード	○ 80%	大人の対応な組み合わせ。ただし、深いつき合いは苦手かも。ビジネスパートナーとしては最強のコンビです。

**ケース
スタディ**

仕事を通して知り合った彼と、1週間前にささいなことでケンカ別れをしてしまいました。ただ、私は今でも彼を忘れることができません。私と彼の相性はもともとがよくなかったのでしょうか？（20代・女性）

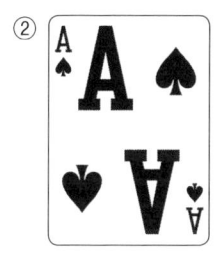

① スペードの6
<逆位置>
自分の表層心理

② スペードのA
自分の深層心理

③ ダイヤの9
相手の表層心理

④ スペードの8
相手の深層心理

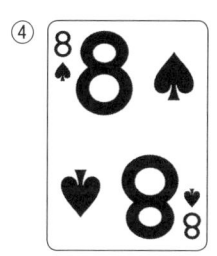

　女性の方は6月17日生まれで彼は11月28日生まれとのことです。恋人同士だと相手の誕生月日もわかりますが、そうではなく、相手のことがよくわからない片思いや仕事などの人間関係の場合、誕生月日がわからない時は、ステップ3の通りにしてみてください。

　まず「自分の表層心理」にはスペードの6の逆位置が出ました。キーワー

ドには「悲しみに耐えきれない」とあります。まさに失恋した深い悲しみが表れているかのようです。

　一方、「相手の表層心理」にはダイヤの9です。「心が満たされない」というキーワードがあるように、ひょっとしたら、彼はあなたとのつき合いにおいて、何か心が満たされない点があったのかもしれません。ささいなことでケンカをしてしまったとありましたが、彼の満たされない気持ちがケンカの根本的な理由なのかもしれません。

　続けて「自分の深層心理」を見ますと、スペードのエースです。カードの中で最も強い力があります。キーワードの「オールマイティー」は運命的な力も表しており、あなたの心の内で、「天からの助けでもいいから彼との関係を修復したい」と願っているのではないでしょうか。

　一方、「相手の深層心理」にはスペードの8が出ています。キーワードにある「理想のために自分を捨てる」はあなたとのケンカ別れが彼の内面を激しく揺さぶっているかのようです。また、このカードは一時的な悪化も意味しています。彼の表層心理と深層心理を合わせて読むと、心の満たされなさからケンカ別れをしてしまったものの、どこか自分でも納得がいかないような、そんな漠然とした不安感を抱えていると思われます。

　そこで、もともとの二人の相性を見てみます。表層心理ではあなたがスペードで相手がダイヤ。これは相性としては最も悪い評価となっています。二人の仲に決定的な価値観の違いがあったのではないでしょうか。ただし、深層心理の相性を見ますと、スペード同士です。深いつき合いは苦手だけれども、お互いの立場を尊重してのつき合いはスムーズに進むことができるはずです。

　既にお互いの気持ちや関係がはっきりしている場合、深層心理を重視して読みますので、お二人の相性は決して悪いものではありません。そのことはあなたの表層心理も深層心理もスペードであり、気持ちにブレがないことからも明らかです。ビジネスパートナーとしては文句なしのお二人ですから、お互いの距離感を大切にしつつ、まずは、あなたからメールでも送ってみてはどうでしょうか？

占いのポイント

自分のことは自分が一番よくわかると思いがちですが、「自分の深層心理」には思わぬメッセージが込められていますから注意して読んでください。もちろん、相手の心理が中心となります。カードのキーワードをよくイメージして読んでください。
また、細かいことは置いといて、まずはスートごとの相性でチェックすることでも構いません。この時、4枚のスートのバランスも考慮するとより鮮明になるはずです。表層心理と深層心理の読み解くバランスですが、相手との関係性にもよりますが、表層心理を30％ぐらい、深層心理を70％ぐらいでとらえてみるとよいでしょう。相手の誕生月日がわからない場合は、「相手の表層心理」と「相手の深層心理」のバランスは半々くらいでよいかもしれません。

Column 人物の描かれていない「コートカード」の考え方

　本書ではオーストリアにある老舗カードメーカー、ピアトニック社の「ジャイアントインデックス」というカードを使用しています。このカードは名前の通りインデックス（見出し）だけという、いたってシンプルな作りです。そのため、コートカードも人物ではなくマークだけという特徴がありますが、見れば見るほどに洗練された美を感じさせるカードです。直観も冴えるので、個人的にもお気に入りの一つです。

　ところで、コートカードの説明のところでも触れましたが、基本的には、コートカードには各人物が描かれています。雑学ネタとしては、それぞれの人物にはモデルが存在しているのですが、そのこと自体にはあまり占いとは関係性がありませんので省略します。

　人物が描かれていなくとも、コートカードはコートカードとしての役割と力がありますので、「ジャイアントインデックス」のようなタイプでも同様に考えてください。はじめのうちはちゃんと人物が描かれているカードを選ぶのがよいでしょう。

5　過去・現在・未来

時間の流れで悩みを読み解く！

　このスプレッドは、一つの問題に対して過去から未来への時間の流れで読むことに特徴があります。その悩みがどのような影響を過去から受けて現在に至ったのか、そして未来はどうなるかを読み取ることができますので、質問の設定としてはより具体的な事柄の方がわかりやすいはずです。時間経過だけでなく、サプライズとして、思いがけない出来事も読み取りますが、これは、多くの人は過去よりも現在や未来に重きを置いていますので、未来の補足としてということです。

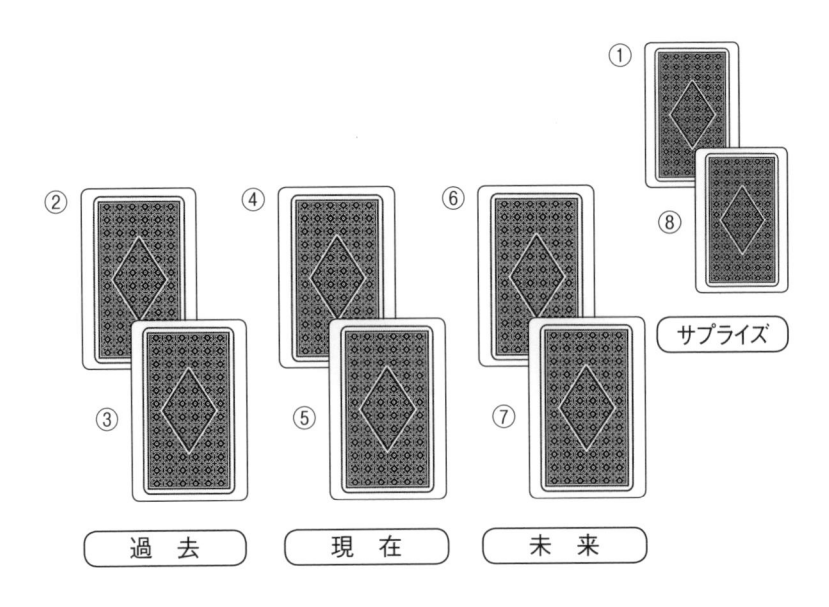

★使用カード………ジョーカーを除いた52枚

Step.1 トランプ占いの基本（70ページ）の手順を踏んで、カードを一つの山にしてください。

Step.2 まず山の一番上のカードを「サプライズ」の位置に置きます。カードは裏のまま置いてください。

Step.3 続けて、残った手札の上から10枚目と11枚目を「過去」の位置に置きます。

Step.4 残った手札からさらに10枚目と11枚目を「現在」の位置に置きます。

Step.5 残った手札からさらに10枚目と11枚目を「未来」の位置に置きます。

Step.6 残った手札の一番の上のカードを「サプライズ」の位置に置きます。

Step.7 カードを「過去」⇒「現在」⇒「未来」⇒「サプライズ」の順番にカードの左側からめくります。

=== 占いのポイント ===

このスプレッドでは合計8枚のカードをめくることになります。過去を20％、現在を30％、未来とサプライズを50％くらいの配分でとらえるとわかりやすいかもしれません。未来とサプライズで半分を占めていますが、この二つだけを読めばオッケーというわけではありません。過去も現在も大切です。未来は現在と過去の積み重ねで生まれ出るものですから、もし、未来やサプライズに逆位置が多く出た場合は、その原因となった過去と現在に注目すべきです。また、質問内容によっては絵札やスートのバラツキにも目を配るのもポイントです。恋愛ならばハート、仕事はダイヤという具合です。

|ケーススタディ①| 転職をしようと考えていて、既に1社から内定をもらっていますが、決断できません。給料は今よりも上がるのですが、同じ営業職とはいえ、未経験の業種だけに自分がその仕事をこなせるか不安です。どうしたらよいでしょうか？（30代・男性）

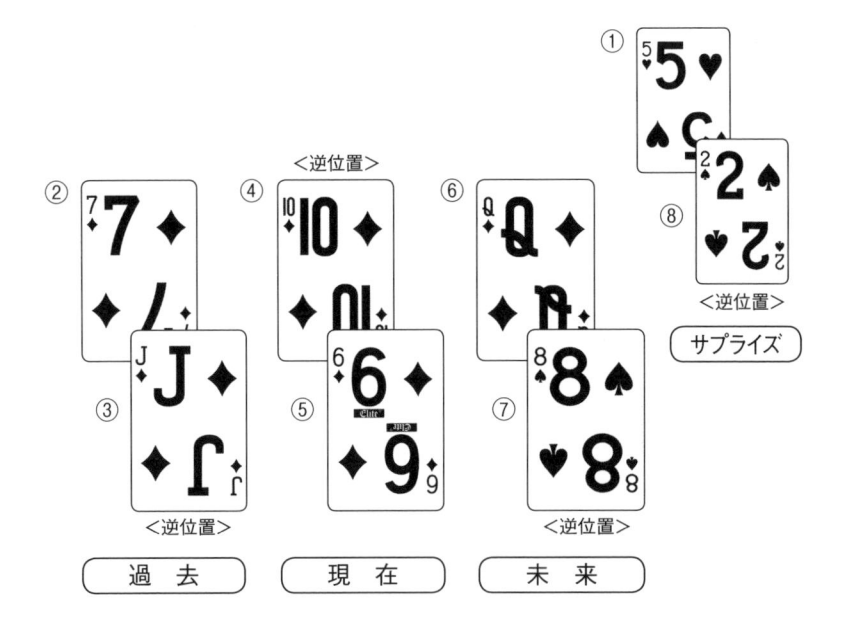

① 5♥

② 7♦
③ J♦ ＜逆位置＞

④ 10♦ ＜逆位置＞
⑤ 6♦

⑥ Q♦
⑦ 8♠ ＜逆位置＞

⑧ 2♠ ＜逆位置＞
サプライズ

過去　　現在　　未来

　転職というのはたんに仕事が変わるというだけでなく、それに伴って環境や人間関係なども大きく変わる、人生におけるターニングポイントの一つといえます。それだけに自分の進むべき道を決めることができずに悩む人が多いのでしょう。
　このスプレッドでは過去から未来へと順番に読み解くのが基本ですので、まずは「過去」を見ます。ダイヤの7とダイヤのジャック（逆位置）が出ています。

「目標達成だけの行動」と「損得勘定が先行する」とキーワードがあります。おそらくは仕事優先、ノルマ厳守の厳しいお仕事だったのではないでしょうか。

次に「現在」を見ると、ダイヤの10（逆位置）とダイヤの6です。「じっと我慢することの大切さ」と「何事にも早急な判断」がキーワードです。現在の仕事から逃れたいという思いに対して、「我慢が足りないのではないか？」「早急な決断は避けるべきではないか？」という悩んでいる現状をよく表しています。

最後に「未来」ですが、ダイヤのクイーンとスペードの8（逆位置）です。キーワードは「天性の才能」と「我が道を行く」とあります。営業という仕事に自分の能力や適性を見出しているのか、それとも、他の何かを追い求めるべきか、そこがポイントとなるでしょう。

ヒントは「サプライズ」にあります。カードはハートの5とスペードの2（逆位置）。「派手」と「再スタート」がキーワードとなっています。おそらく、もともと人と出会うことに対しての楽しみや才能があり、競合相手とは熾烈な競争に燃える、非常に優秀な営業マンといえます。スペードの2はライバルと激しくぶつかることを表し、ハートの5は人の注目を集めることでさらなる力を発揮するカードだからです。

また、合計8枚のカードのうち、経済的な意味を表すダイヤが5枚も出ているのが印象的です。仕事をバリバリとこなすことでの自己実現を確信しているのではないでしょうか。

今回の悩みは自分の心構えや能力・適性というよりかは、この不況の中で環境を変えることの漠然とした不安感によって生まれたものといえます。

自分の力と実績を信じて、新たな道を切り開かれてもよいのではないでしょうか。

**ケース
スタディ
②**

彼との結婚を機に、仕事を辞めて、相手のご両親と同居を始めました。お姑さんも私に対してとてもよくしてくれているのですが、どこか他人行儀で、私一人家族の中で浮いてしまっている気がします。今の環境に不満は全くないのですが、私はこれからどのように接していけばよいのでしょうか？（30代・女性）

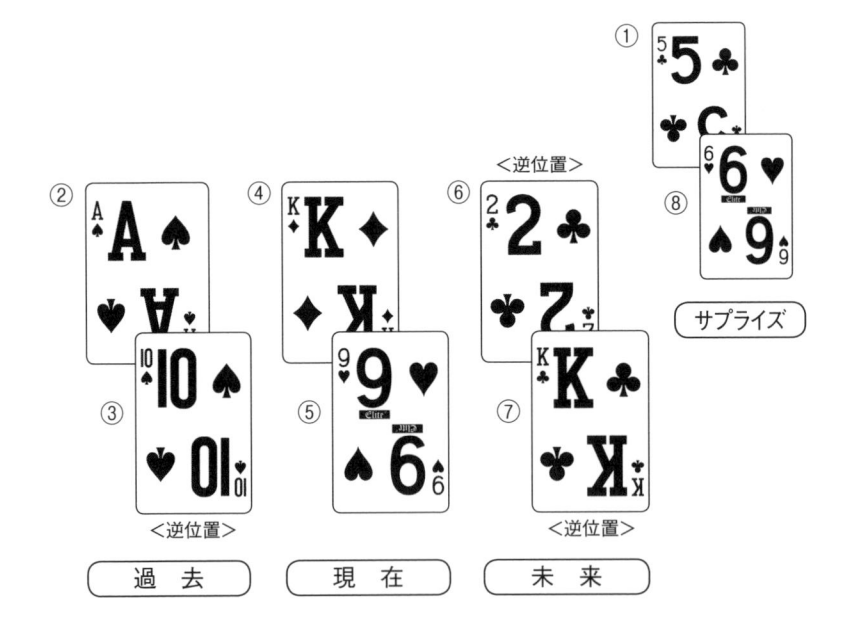

② A♠
③ 10♠ ＜逆位置＞
過去

④ K♦
⑤ 9♥
現在

⑥ 2♣ ＜逆位置＞
⑦ K♣ ＜逆位置＞
未来

① 5♣
⑧ 6♥
サプライズ

　少子高齢化や核家族化という変化はあるにせよ、家庭の問題はいつの時代においても普遍的なものなのかもしれません。
　この事例では既に結婚をして家庭に入っている女性からの「これから（家族に対して）どのように接していけばよいか？」ということですから、変則的

ではありますが、まずは「現在」と「未来」を先に読んでみたいと思います。

「現在」にはダイヤのキングとハートの9。キーワードは「社会的成功」と「願いが叶う」ですから、人生の伴侶と巡り会えたことに喜びと幸せを感じているのだと思います。それはハートの9が「ウイッシュカード」という最高の幸運をもたらしてくれるカードからも見て取れます。それでは、この幸せな家庭は将来的にどうなるかというと、「未来」のクラブの2（逆位置）とクラブのキングが暗示しています。つまり、「ささいなケンカ」と「何事にも寛容」です。この場合、クラブのキングはカードの意味そのままに、同居している義理のお父さんを指すと思われます。おそらくは、自分が浮いているかもしれないという不安から旦那さんに愚痴をこぼしてしまうのではないでしょうか。しかし、あなたの不安や不満を助けてくれるのが、クラブのキングである義父さんなのかもしれません。

「サプライズ」にはクラブの5とハートの6です。「外に出る」と「過去を懐かしむ」ですから、ひょっとすると、前の職場またはパートタイマーなど、何らかの形で外に出て働く、ということになるのかもしれません。それを誰よりも応援してくれるのが義父さんです。

「過去」を見てみると、スペードのエースとスペードの10（逆位置）です。あなたの過去とは、結婚する前のことですから、男顔負けのキャリアウーマンとしてバリバリ働いていた姿が想像できます。スペードの10（逆位置）の「ツイてない」状況を万能カードのスペードのエースが補っていたのです。

結論としては、あなたの「浮いているかもしれない」というのは、まさに「気のせい」といえます。あなたは「結婚したのだから家庭に入るべきだ」という固定観念にとらわれ、自分に負荷をかけていたのではないでしょうか。でも、大丈夫。家族はみな、あなたと縁ができたことを心から喜んでいるはずです。仕事と家庭の両立は大変かもしれませんが、あなたが仕事に復帰することを希望しているのなら、自分の気持ちを素直に出して、話し合ってみるとよいでしょう。

⑥ レインボー

どんな悩みも虹が解決！

　トランプ占いのスプレッドで最も有名なものの一つがこの「レインボー」です。恋愛から仕事、将来まで幅広い悩みに対応した万能スプレッドです。

　スプレッド名の通り、半円の虹を描き、そこに相談者の願いを読み取るのです。めくるカードの枚数が多く、相手にもシャッフルをしてもらうことやスプレッドの展開の仕方が複雑なため、はじめての人にとってはレベルが高いかもしれませんが、占い方の手順をよく読み、慌てずにゆっくりと占いを進めてみてください。

　占いのポイントでも説明していますが、枚数が多い場合には、カード1枚1枚を均等に読むのではなく、ある程度「これは大事だな」というカードと「これはそんなに重視しなくてもいいな」というカードの区別をつけることが大切です。

　また、多くのカードを眺めていると、その中からあなたがピンときたカードが必ず出てきますので、そのインスピレーションも大切にした方がよいでしょう。そのカードがどの位置でどのカードと関係して出たのかを見ることで、悩みの本質を突くことができるはずです。

　レインボーは誰かの悩みに応えるスプレッドですが、一人占いももちろん可能です。トランプ占いの醍醐味が味わえること間違いありません。是非、挑戦してみてください。

★使用カード………ジョーカーを除いた 52 枚

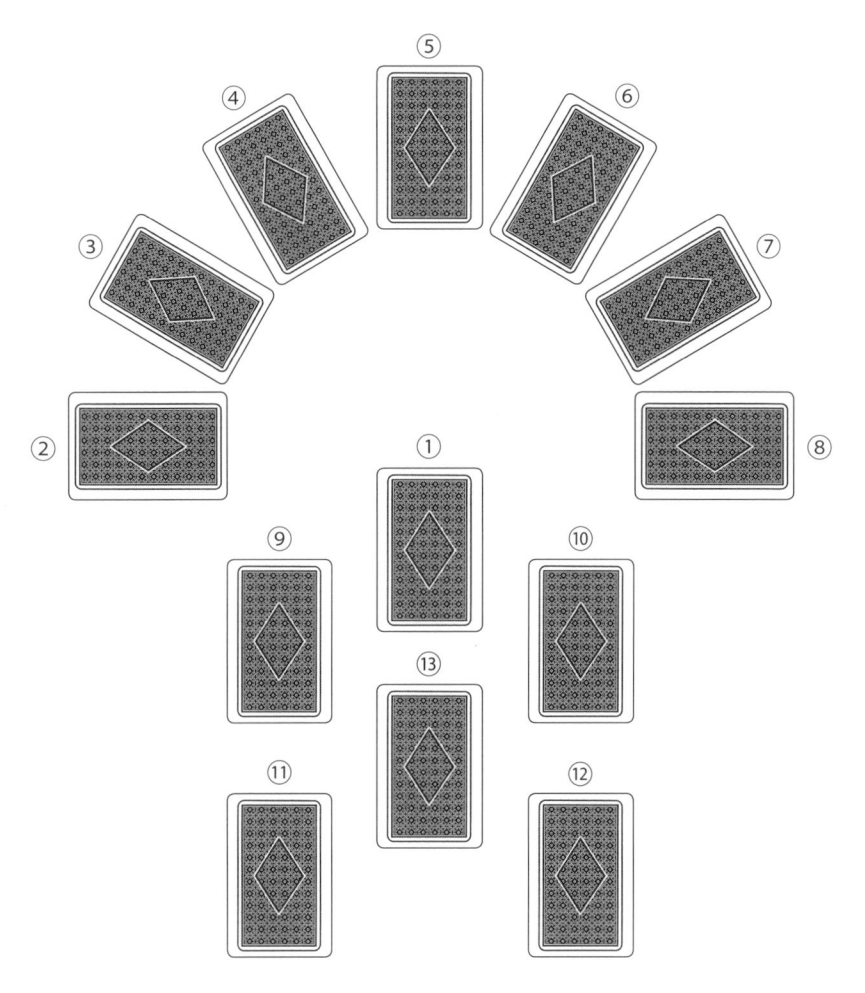

各位置の内容

②③④⑤⑥⑦⑧…相談者の運勢
①⑬………………最終結論
⑨…………………相談者の利害関係
⑩…相談者の家庭
⑪…相談者が期待するもの
⑫…相談者が期待しないもの

Step.1 トランプ占いの基本（70ページ）の手順を踏んで、カードを一つの山にしてください

Step.2 カードを伏せたまま、テーブルの上に半円状に広げます。

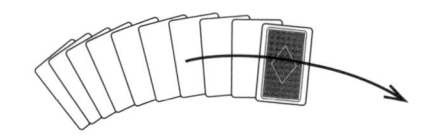

Step.3 相談者に1枚だけ好きなカードを選んでもらいます。
カードは①の位置に裏面のまま置いてください。

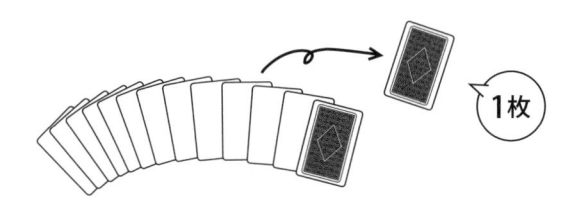

1枚

Step.4 残った手札を相談者にシャッフルしてもらいます。
シャッフルの回数は相談者に任せます。

Step.5 シャッフルの終えたカードの山を受け取り、ステップ2と同じようにカードを広げます。相談者に広げたカードの中から7枚選んでもらい、②の位置から⑧の位置まで順番に並べていきます。

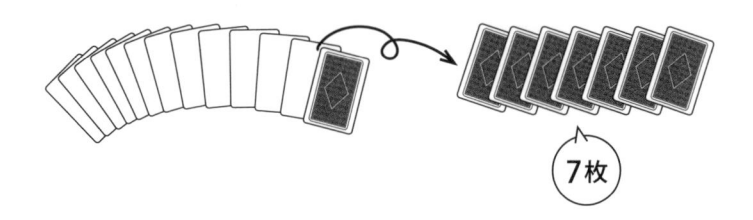

7枚

Step.6 残りのカードを集めて、ステップ4と同じように相談者にシャッフルしてもらいます。

第3章　トランプ占い ＜レインボー＞

Step.7 ステップ2と同じようにカードを広げ、相談者に13枚カードを選んでもらいます。

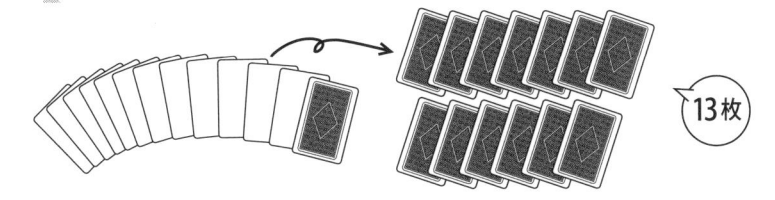

Step.8 相談者が選んだ13枚のカードを受け取り、シャッフルすることなく、上から順に⑨の位置、⑩の位置、⑪の位置、⑫の位置に1枚ずつカードを置いていきます。それを3回繰り返します（つまり、⑨〜⑫の位置に3枚のカードが置かれたことになります）。各位置のカードは重ねてください。最後の1枚を①のカードの下である⑬の位置に置きます。

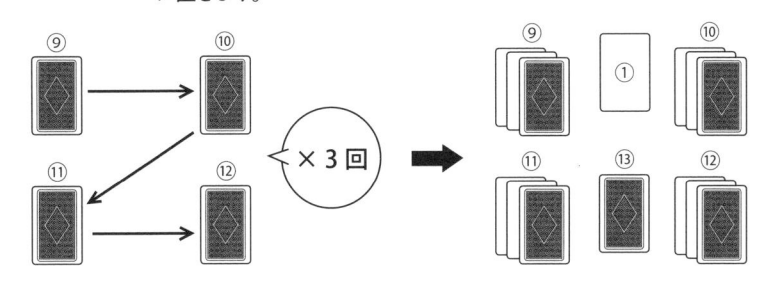

Step.9 残った手札をシャッフルせずに、そのまま順番に⑨の位置、⑩の位置、⑪の位置、⑫の位置とカードを4枚ずつ重ねていきます。つまり、⑨の位置に4枚重ねたら、⑩の位置に4枚、⑪の位置に4枚、⑫の位置に4枚ということです。これでスプレッドは完成です。

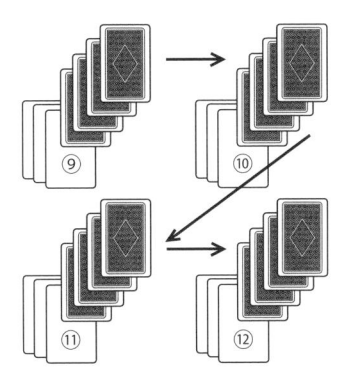

Step.10 ②から⑧の半円のカードを順番に左側からめくります。この半円は相談者の運勢を表しています。

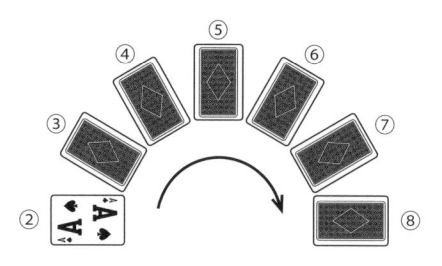

Step.11 ①と⑬のセット、⑨のセット、⑩のセット、⑪のセット、⑫のセットは「ハウス」と呼び、それぞれに意味があります。①と⑬のハウスは「最終結論」、⑨のハウスは「相談者の利害関係」、⑩のハウスは「相談者の家庭」、⑪の「相談者の期待するもの」、⑫のハウスは「相談者の期待しないもの」です。質問内容によってめくるハウスを選択してもよいですし、すべてのハウスを見てもよいです。ハウスのカードと運勢のカードを総合して判断していきます。

=== **占いのポイント** ===

「相談者の運勢」や各ハウスは7枚1組となっており、それがスプレッド名である「レインボー（＝7色の虹）」の元となっています。全部で37枚ものカードを用いるために、1枚1枚を丁寧に読んでいては混乱するばかりだと思います。枚数が多いスプレッドでは、カードの力の強さを重視してください。つまり、エース、キング、クイーン、ジャックがどこに出ているか、またはそのカードが正位置なのか逆位置なのかです。強い力の持ったカードが何枚出ているのかその枚数をチェックするだけでも、問題の深刻さが図れるはずです。質問内容によってめくるハウスを選択してもよいですが、「最終結論」の2枚だけは必ず最後にめくるようにしてください。

ケース スタディ 同じ職場で気になる人がいます。ただ、相手は私よりも年齢も会社の役職も上の人です。仕事の相談事にはよく乗ってもらえるのですが、相手のプライベートな話などはしたことがなく、相手が私をどう思っているのかもわかりません。思い切って告白したいのですが、うまくいくでしょうか？（20代・女性）

　職場恋愛はその人の性格や相性だけでなく、仕事との兼ね合いやお互いの立ち位置など複雑な問題が絡んでいます。その意味では、単純な恋愛問題というだけでなく、仕事運や周囲の環境、さらにはあなたの将来像も視野に入れる必要があるため、レインボーが最適だと判断しました。

　まずは、「相談者の運勢」の7枚を見てみましょう。スペードの4は「ちょっとしたミスが命取り」、ハートのキングは「寛大な父親」、ダイヤの7は「目的をハッキリとさせる」、クラブの7は「将来を見据える」、ハートの8は「チャンスが巡ってくる」、スペードの7（逆位置）は「チャンス到来」、クラブの8（逆位置）は「急いては事をし損じる」がキーワードとなっています。この中で注目したいのは、ハートの8とスペードの7（逆位置）に共通するチャンスが訪れていることと、ハートのキングである父親です。この場合の父親とは、あなたの気になる相手のことです。仕事ができるだけでなく、人間的な優しさや魅力を兼ね備えた、まさに「大人の男性」なのでしょう。そのような人と巡り会えたことがまずは「チャンス」であり、「将来を見据えた」上で「目的をハッキリさせる」ことがあなたの今の流れなのではないでしょうか。

　ところが、スペードの4から「ちょっとしたミスが命取り」という警告のメッセージが発せられています。それをさらに深く見るには、「相談者の利害関係」を見る必要があります。

【相談者の運勢】

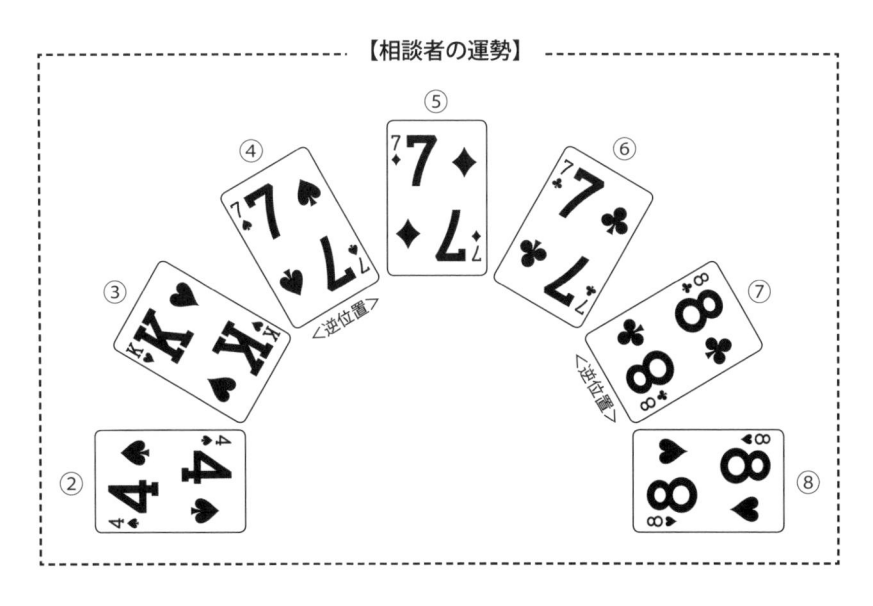

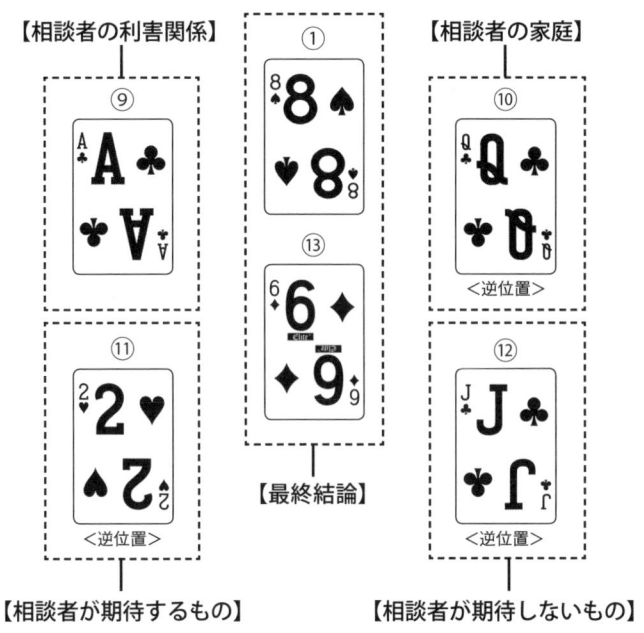

④ ⑤ ⑥
③ ⑦
② ⑧
<逆位置> <逆位置>

【相談者の利害関係】　①　【相談者の家庭】
⑨　　　　　　　　　　　⑩
　　　　　　　　　　　　<逆位置>
　　　　　⑬
⑪　　　　　　　　　　　⑫
<逆位置>　　　　　　　　<逆位置>
【相談者が期待するもの】【最終結論】【相談者が期待しないもの】

第3章　トランプ占い ＜レインボー＞

【相談者の利害関係】

A♣　6♠　A♠　2♣　9♣　6♣　J♦
　　　　　　　＜逆位置＞　＜逆位置＞　＜逆位置＞

　ハウスの中のカードを見ますと、クラブのエースは「周囲からの温かな祝福」、スペードの6は「災い転じて福と成す」、スペードのエースは「強烈な力を手にすることができる」、クラブの2（逆位置）は「ささいなケンカ」、クラブの9（逆位置）は「気が緩む」、クラブの6（逆位置）は「一転してどん底に落ちる」、ダイヤのジャックは「冒険心溢れる」となっています。
　注目すべきは二つのエースの存在です。エースは最も強い力を秘めたカードです。そのカードがポジティブな意味としてここに出ているということを見ても、それほど大きな問題や障壁はないのではいでしょうか。
　しいていうならば、3枚のクラブの逆位置が伝える「ちょっとしたことから大きなトラブルに発展してしまう」ことを頭の片隅に入れておく必要があります。気になる相手とは同じ職場ということですから、同僚や先輩・後輩などとの人間関係の機微には常に気を配っておきたいところです。
　今回の相談では家庭はあまり強い影響を与えませんので、俯瞰的に「相談者の家庭」のハウスを見るにとどめますが、クラブのクイーン（逆位置）とダイヤのキング（逆位置）、スペードのジャック（逆位置）が出ていました。
　家庭という中でのカードですから、これはそのままクイーンが母親でキングが父親とみなしていでしょう。ネガティブに出ているので、二人はあなたの恋愛に対して心配しているのです。どのようなことを危惧しているかというと、母親はクラブ（人づき合い）ですから、もし社内恋愛が失敗した場合、社内での人間関係が悪化するのではないかと心配し、父親はダイヤ（経済的）ですから、会社に居ることができない（職を失う）のではないかと心配しているのでしょう。

それでは、次に「相談者が期待するもの」と「相談者が期待しないものを合わせて見てみることにします。

【相談者が期待するもの】

　　　　　　　　　　　　　　　　　　　　　　　　　　　　<逆位置>

【相談者が期待しないもの】

<逆位置>　<逆位置>　<逆位置>　　　　　　　　　　　　　　　　<逆位置>

　「相談者が期待するもの」のハウスで注目したいのは、ダイヤのクイーンとクラブのキングです。この2枚は、将来のあなたと相手の意味しているのではないでしょうか。クラブのキングは社会的地位のある寛容な男性です。それに対してダイヤのクイーンは注目を集めるのが好きな女王様。あなたは相手と一緒になることでの幸せや成功を強く確信しているのだと思います。また、このハウスにギフトカードでもあるクラブの10が出ているのも特徴的です。そしてこの幸せ（恋愛）はあなた自身の手でつかみ取る（つかみ取りたい）という気持ちがハートの7と6に表れているのでしょう。恋愛も仕事もとにかく成功させたいという、やや欲張りな印象も受けます。
　一方、「相談者が期待しないもの」のハウスで注目すべきは、何といっても、ダイヤのエースとハートのエースの2枚の逆位置です。社内恋愛ですから、

第3章　トランプ占い ＜レインボー＞

恋愛がうまくいかなかった場合の損失を痛いほどあなたは感じているのでしょう。それは、たんに失恋したというレベルではなく、今の会社には居られないかもしれないということも含んでいます。クラブのジャック（逆位置）はまさに「悪い知らせ」を意味していますから、あなたの願いが聞き届けられないことの不安を表しているのです。上司の耳に入り自分の立場が悪くなることをおそれているのではないでしょうか。

　それでは、最後に「最終結論」を見て、この悩みに答えを導き出してみることにします。このハウスは、将来像や近い先の事柄、結果、カードからのメッセージなどを象徴的に意味していますので、これまで読んできたカードの意味と直観力も組み合わせて「こうなる（可能性が高い）から、こうするとよいでしょう」と読みましょう。

　カードはスペードの8とダイヤの6が出ました。キーワードは「義理立て」と「何事にも早急な判断」です。この恋愛があなたの人生を大きく変えることをひしひしと感じており、そのために、昔のように、気軽な恋ができないことを表しているかのようです。

　ただし、スペードの8は友情から始まる恋も暗示しています。今日明日にでも告白をするというのは避けて、まずは、今の仕事仲間から信頼関係を築き上げてみるのがよいのではないでしょうか。ダイヤの6も「今は待つとき」と伝えています。

7　36枚の人生の扉

あなたの人生に起きるすべてのことを占う！

　この占いは人生全般を占える、トランプ占いの中でも最もオールラウンダーな占いの一つです。古くはフランスのル・ノルマン夫人が完成したといわれており、自分の知りたい事柄に絞って読むことができるのが特徴といえます。

　また、1枚1枚のカードの絵柄や数字の意味ではなく、あくまでもスートのみで判断するのもこの占いならではです。連想ゲームのようにイメージを膨らませて読み解いてみてください。

★使用カード……各スートのエースと6からキングまでの合計36枚

Step.1　トランプ占いの基本（70ページ）の手順を踏んで、カードを一つの山にしてください。※この占いはカットだけでも問題ありません。

Step.2　カードをスプレッド図の通りに1番目から36番目まで順番に並べていきます。この時、カードは裏面にしたまま並べてください

Step.3　占ってもらいたい項目のあるカードだけを表にします。スートごとの意味を読み取ります。

1（計画）	2（満足）	3（成功）	4（願望）	5（冒険）	6（交際）
7（名誉）	8（人気）	9（家庭）	10（心配）	11（贈り物）	12（ギャンブル）
13（結婚）	14（苦悩）	15（愛情）	16（ビジネス）	17（恋愛）	18（開運）
19（今日の運）	20（ライバル）	21（財産）	22（野心）	23（出世）	24（取引）
25（浮気）	26（飲食）	27（子ども）	28（災難）	29（報酬）	30（旅行）
31（チャンス）	32（援助）	33（障害）	34（死）	35（別離）	36（病気）

1 計画	♥ハート…計画に障害はありません。すべてが実現して大成功を収めるでしょう。 ◆ダイヤ…資金面での苦労がありますが、最終的には成功します。 ♣クラブ…一人ではなく友人の力を借りましょう。計画の見直しも吉。 ♠スペード…信じられないようなミスや人間関係のトラブルで計画は失敗します。
2 満足	♥ハート…お金や名誉などすべての希望が叶えられ、満足できるでしょう。 ◆ダイヤ…大金を手にして大満足です。ただし、愛情面ではやや不満足かも。 ♣クラブ…誠実な行動が良い結果を生みます。あまり高望みをしてはいけません。 ♠スペード…中途半端な結果に終わります。気持ちの切り換えが大切です。
3 成功	♥ハート…完璧といえるほどの成功が期待できます。勝利はあなたのものです。 ◆ダイヤ…金銭的な成功を得ることができますが、それ以外ではわかりません。 ♣クラブ…自分一人だけの力では成功できません。周囲の協力が必要です。 ♠スペード…最終的なツメが甘いために、失敗する可能性が高いでしょう。
4 願望	♥ハート…間もなく願いは叶えられるでしょう。 ◆ダイヤ…完全とまではいきませんが、8割から9割方で願いは成就されます。 ♣クラブ…時期的には遅れそうですが叶います。半分通ったら良しとしましょう。 ♠スペード…見通しも暗く、残念な結果で終わるでしょう。
5 冒険	♥ハート…スケールの大きい冒険ができます。積極性がさらに吉。 ◆ダイヤ…十分な用意があなたを思わぬアクシデントから助けてくれます。 ♣クラブ…単独行動だけは危険です。協調性を持ちましょう。 ♠スペード…はっきりいって、現状では無謀です。自重すべきです。
6 交際	♥ハート…多くの人と楽しい交際を持つことができます。パーティーが吉。 ◆ダイヤ…仕事のつき合いから人生の友が生まれる可能性があります。 ♣クラブ…たった数名でも本当の親友が持てます。量より質を大切にしましょう。 ♠スペード…今のおつき合いを大切にしましょう。八方美人はいけません。

7 名誉	♥ハート…何らかの形でこれまでの成果を認められ、賞を受けるでしょう。 ♦ダイヤ…名よりも実を取ることが多いでしょう。 ♣クラブ…賞を得ることではなく友人を得ることで満足できます。 ♠スペード…一等賞か侮辱の言葉か両極端になります。
8 人気	♥ハート…多くの人に囲まれてスポットライトが当たる生活を送ります。 ♦ダイヤ…今一つ周囲からの声援が得られませんが、それで十分と思いましょう。 ♣クラブ…評価をしてくれている人がいますから、気にすることはありません。 ♠スペード…人気を得ようとすると返って反感を買います。
9 家庭	♥ハート…いつまでも明るい笑顔の絶えない家庭です。 ♦ダイヤ…経済的な安定が保たれた家庭です。 ♣クラブ…小さいながらも家族の絆が強い家庭です。 ♠スペード…家族間で誤解や中傷が多く発生します。
10 心配	♥ハート…早期の解決が見込めます。 ♦ダイヤ…金銭で解決するのが早道です。 ♣クラブ…時間はかかっても粘り強く説得しましょう。 ♠スペード…あなたが悪者になることで解決となります。
11 贈り物	♥ハート…最も愛している人からのプレゼントがあるでしょう。 ♦ダイヤ…高価な品物が届けられます。 ♣クラブ…思いがけない相手から、心の込もった贈り物が届くでしょう。 ♠スペード…不用意に受け取らない方が後々のためによいでしょう。
12 ギャンブル	♥ハート…読み通りとなり成功間違いないです。 ♦ダイヤ…利益率は低くても本命を狙えば結果として成功します。 ♣クラブ…お遊びレベルならよいですが本気では負けてしまいます。 ♠スペード…今のところは避けた方が無難です。

13 結婚	♥ハート…時期は早い方が吉です。お見合いの話も多いでしょう。 ◆ダイヤ…家柄や経済的な問題からなかなかまとまらないでしょう。 ♣クラブ…晩婚になるかもしれませんが、意中の人と結ばれます。 ♠スペード…両親からの賛成を得られない結婚となり不幸を呼びます。
14 苦悩	♥ハート…三角関係による悩みが出てきます。 ◆ダイヤ…他人から妬まれ、いわれのない非難を受けます。 ♣クラブ…哲学的命題に悩むでしょう。 ♠スペード…人間関係や金銭問題など悩みが尽きません。
15 愛情	♥ハート…大きな愛に包み込まれるでしょう。人生の幸せを感じるはずです。 ◆ダイヤ…あなたが相手を愛するのなら、相手もあなたを愛します。 ♣クラブ…愛情ではなく、尊敬の念を抱かれます。 ♠スペード…理解されないかもしれませんが、我が道を進むことで成就します。
16 ビジネス	♥ハート…他人のためになる仕事なら成功します。奉仕の精神です。 ◆ダイヤ…どのジャンルでも成功を収めます。器用貧乏には注意しましょう。 ♣クラブ…相手を説得するのがうまくいきませんが、良い部下が助けてくれます。 ♠スペード…強引に推し進めることで成功します。
17 恋愛	♥ハート…素晴らしい恋をします。相思相愛で他人からも祝福されるでしょう。 ◆ダイヤ…あなたから愛の言葉を投げかけましょう。 ♣クラブ…清らかで美しい恋をします。 ♠スペード…片思いで終わってしまいそうです。
18 開運	♥ハート…偶然の出来事による幸運を手にします。棚からぼた餅です。 ◆ダイヤ…運に頼る必要がないほど安定した生活を送れます。 ♣クラブ…今までの努力が実を結び、運を引き寄せます。 ♠スペード…最大のピンチで幸運が訪れますが、日常ではツイていません。

19 今日の運	♥ハート	愛情面の発展が期待できます。
	◆ダイヤ	スケジュール通りに進むでしょう。
	♣クラブ	思いがけない知人と再会します。
	♠スペード	事故に気をつけましょう。
20 ライバル	♥ハート	あなたが勝利を収めるでしょう。
	◆ダイヤ	経済力を発揮すれば勝てるでしょう。
	♣クラブ	良いライバル関係が保てます。
	♠スペード	あなたでは勝てない強いライバルが登場します。
21 財産	♥ハート	努力しなくとも、いつの間にか増えています。
	◆ダイヤ	人もうらやむほどの資産家になるでしょう。
	♣クラブ	暮らしに困らない程度の財産を持ちます。
	♠スペード	赤字にならないよう気をつけましょう。
22 野心	♥ハート	計画だけに終わらせないと破滅します。
	◆ダイヤ	経済的な野心なら成功します。
	♣クラブ	権力者とのコネができるでしょう。
	♠スペード	人一倍の強引さで成功しますが、他人から恨まれます。
23 出世	♥ハート	焦らなくても平均以上の出世はできます。
	◆ダイヤ	妨害する人が現れますが、あなたの努力で勝つことができるはず。
	♣クラブ	他人より遅咲きですが、一気に出世します。
	♠スペード	出世を望まずに今の地位を保持することが大切です。
24 取引	♥ハート	思いがけない取引ルートが開拓できそうです。
	◆ダイヤ	頭を下げるよりも1円でも下げた方が結果として得となります。
	♣クラブ	今の取引関係を維持することが将来的な成功につながります。
	♠スペード	現状は思わしくありません。

25 浮気	♥ハート…チャンスはあるし、バレることもないでしょう。 ♦ダイヤ…トラブルは金銭で解決するのが一番です。 ♣クラブ…必ずバレます。心の中だけにしてください。 ♠スペード…取り返しのつかない悲劇を生みます。
26 飲食	♥ハート…不満が出ることはないでしょう。 ♦ダイヤ…世界の珍味や高級食材を食べることが多いでしょう。 ♣クラブ…家庭の味やおふくろの味を楽しめます。 ♠スペード…食事の好みが合わない人と一緒になります。
27 子ども	♥ハート…欲しいだけできますし、親孝行ばかりです。 ♦ダイヤ…多産傾向ですが、なかには親不孝者も。 ♣クラブ…一人だけかもしれませんが健康児です。 ♠スペード…高齢出産の可能性があります。天才児の出現も期待できます。
28 災難	♥ハート…受けても軽くで済みそうです。 ♦ダイヤ…身体への危害はありませんが、経済的にピンチです。 ♣クラブ…自分は大丈夫ですが、家族や親友が辛い目に遭います。 ♠スペード…心身共に辛いことになります。
29 報酬	♥ハート…仕事以上の報酬を受けることでしょう。 ♦ダイヤ…やっただけの見返りはあります。 ♣クラブ…期待したほどではありませんが、不満を持つほどでもありません。 ♠スペード…ガッカリして落ち込みます。こういう時もあるのだと慰めましょう。
30 旅行	♥ハート…どこへ行っても楽しい旅行になるでしょう。 ♦ダイヤ…豪華な旅行がオススメです。思いっきりお金を使いましょう。 ♣クラブ…少人数との旅行が吉。 ♠スペード…あと1年間は我慢した方がよいでしょう。

31 チャンス	♥ハート…一度逃してもまたすぐに巡ってきます。 ♦ダイヤ…そろそろ一生に一度の大きなチャンスが巡ってきます。 ♣クラブ…今のままの姿勢でいればチャンスはやってきます。 ♠スペード…当分チャンスは来ないので自重すること。
32 援助	♥ハート…たくさんの手が差し伸べられて選ぶのに苦労するほどです。 ♦ダイヤ…将来の見返りを約束すれば援助は受けられます。 ♣クラブ…誠実にありのままの自分を伝えることで可能性が出てきます。 ♠スペード…相当の犠牲を払わないかぎり期待できません。
33 障害	♥ハート…とにかくぶつかってみることです。案外とうまく進展します。 ♦ダイヤ…回り道をした方が早道です。 ♣クラブ…政治的な策略を用いることが一番です。 ♠スペード…障害がなくなるまで待ちましょう。
34 死	♥ハート…あなたはもちろん、身近な人も元気です。 ♦ダイヤ…仕事を続けているのならば、遺産を譲り受けても大丈夫です。 ♣クラブ…旧友の悲報を聞かされることがあるかもしれません。 ♠スペード…事故だけには細心の注意を払いましょう。
35 別離	♥ハート…すぐに再会できるはずです。 ♦ダイヤ…すぐというわけにはいきませんが、必ずいつかは会えるでしょう。 ♣クラブ…会えずとも、心と心はしっかりと結びついています。 ♠スペード…あなたが努力をしないと永遠の別れとなります。
36 病気	♥ハート…年に一度ぐらいの風邪に気をつけましょう。 ♦ダイヤ…疲労が原因で寝込むことがあります。 ♣クラブ…少しの熱でも医師にかかりましょう。 ♠スペード…ともかく安静にすることです。

ケーススタディ

つき合っている彼からプロポーズされました。私は彼と幸せな家庭を築けるでしょうか？（30代・女性）

　結婚がテーマですから、項目としては「計画」「満足」「成功」「願望」「家庭」「結婚」「愛情」「恋愛」「財産」「浮気」「子ども」があります。合計で11枚のカードをめくることになりました。

　順番に見ていきますと、「計画」や「満足」「成功」「願望」ではダイヤのスートが多く、経済的な問題もなく、結婚の段取りについてもスムーズに運ぶのではないでしょうか。ただし、「満足」にスペードが出ており、彼からの急なプロポーズにあなた自身、気持ちの整理ができていないのかもしれません。「愛情」のスペードと「結婚」のハート、「家庭」のクラブからは、あなたの心の内にある、小さいながらも温かい家庭を築き上げたいという強い気持ちを感じます。それは「財産」と「子ども」のクラブも表しています。家庭における不安である「浮気」にはクラブのカードが出ています。お互いに、思っていることが顔や行動に出やすいタイプかもしれません。浮気に関連して「冒険」を開いたところスペードでした。やはり、邪な気持ちではいけないということです。

　気持ちの整理ができていないと読み取れましたので、最後に「今日の運」と「障害」も開いてみました。カードは二つともハート。あなたの思い切りの良さが二人の幸せな未来を約束してくれているのかもしれません。

占いのポイント

占いたい内容によってめくるカードが変わってきますから、まずはどの扉をめくるかを決めることが大切です。似た項目に関しては、まとめて読むということでもよいでしょう。この占いでは総合的に読むことが求められます。また、「今日の運」の項目では、ハートが大吉、ダイヤが中吉、クラブが小吉、スペードは凶となりますので、この項目のみで吉凶の大枠をとらえることでもよいでしょう。

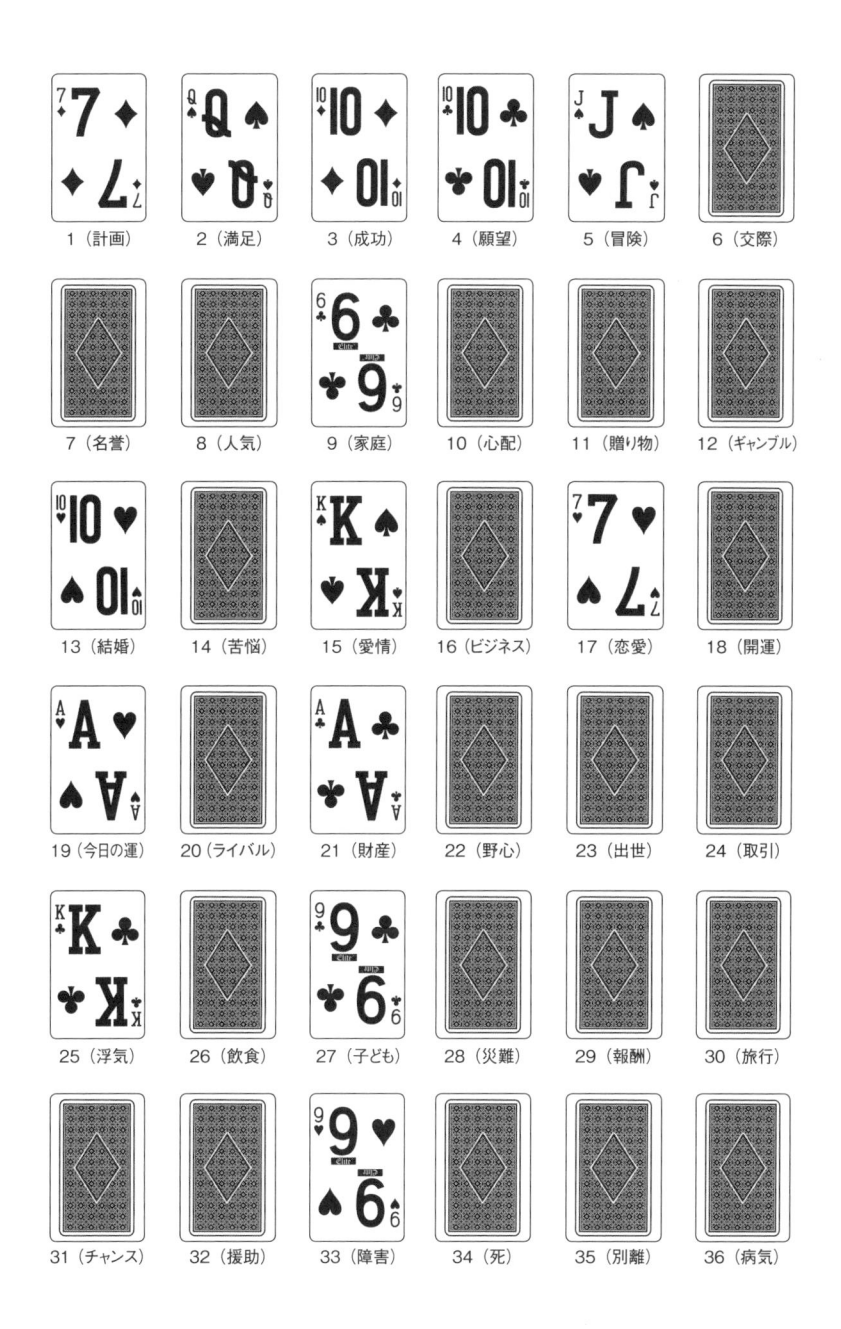

1（計画）	2（満足）	3（成功）	4（願望）	5（冒険）	6（交際）
7（名誉）	8（人気）	9（家庭）	10（心配）	11（贈り物）	12（ギャンブル）
13（結婚）	14（苦悩）	15（愛情）	16（ビジネス）	17（恋愛）	18（開運）
19（今日の運）	20（ライバル）	21（財産）	22（野心）	23（出世）	24（取引）
25（浮気）	26（飲食）	27（子ども）	28（災難）	29（報酬）	30（旅行）
31（チャンス）	32（援助）	33（障害）	34（死）	35（別離）	36（病気）

⑧ モンテカルロ

あなたの悩みは解決できるか！？

　モンテカルロは簡単な一人占いですが、ゲーム的要素も強く、やり始めてみると止まらない面白さがあります。ちょっとした休憩に楽しんでみてはどうでしょうか。

★使用カード………ジョーカーを除いた52枚

Step.1 トランプ占いの基本（70ページ）の手順を踏んで、カードを一つの山にしてください。※この占いはカットだけでも問題ありません。

Step.2 1枚ずつ表にして左上から順番に5枚並べて、それを5列、つまり5枚×5枚＝25枚並べます。残りは手札としてください。

Step.3 並べた25枚の中で隣り合うタテ・ヨコ・ナナメで同位札（数字が同じカード）があったらそのペアを捨て札として取り除きます。3枚ある場合やタテとヨコで重複するなどの場合は、あなたの直観でそのうちの2枚を取り除きます。

Step.4 取り除くペアがなくなったら、左上を起点にカードを順に移動して空いたスペースを詰めていきます。空いたスペースには手札からカードを足していき常に5枚×5枚＝25枚の状態を保ちます。

Step.5 ステップ3のように同位札を取り除いていきます。取り除けるペアがなくなったら、ステップ5のように手札からカードを足していきます。

Step.6 ステップ3からステップ6を繰り返し、すべてのカードが取り除けるか、または取り除くことができなくなる（タテ・ヨコ・ナナメでペアができない）状態になったら占い終了です。残ったカードの枚数で判断します。

① 25枚並べる

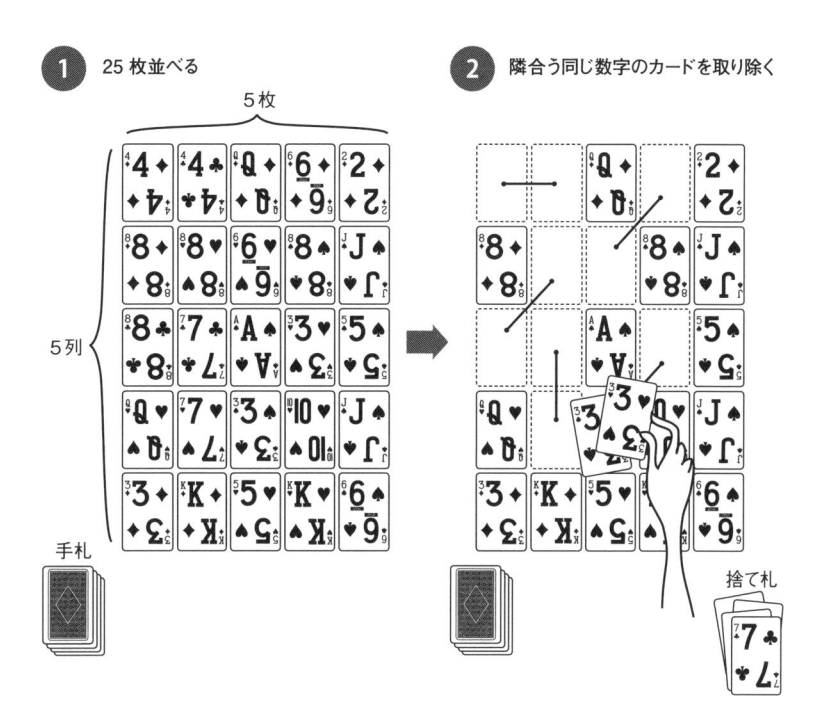

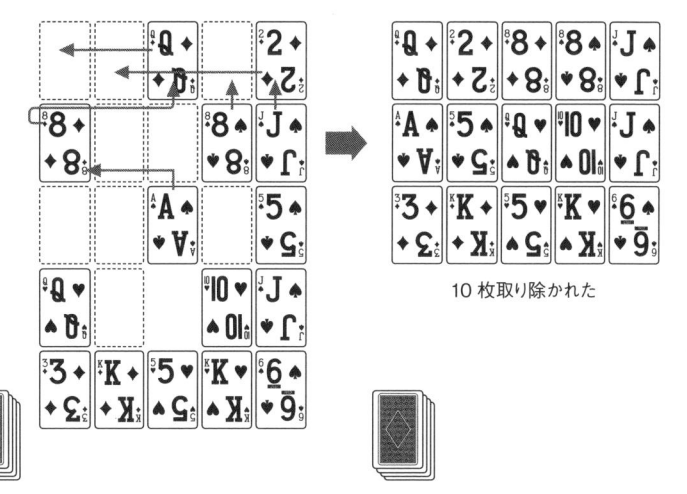

5枚

5列

手札

② 隣合う同じ数字のカードを取り除く

捨て札

③ 左上から順に詰めていく ············▶ **移動し終わった状態**

10枚取り除かれた

④ 左端から表にして並べる

⑤ 隣合う同じ数字のカードを取り除く

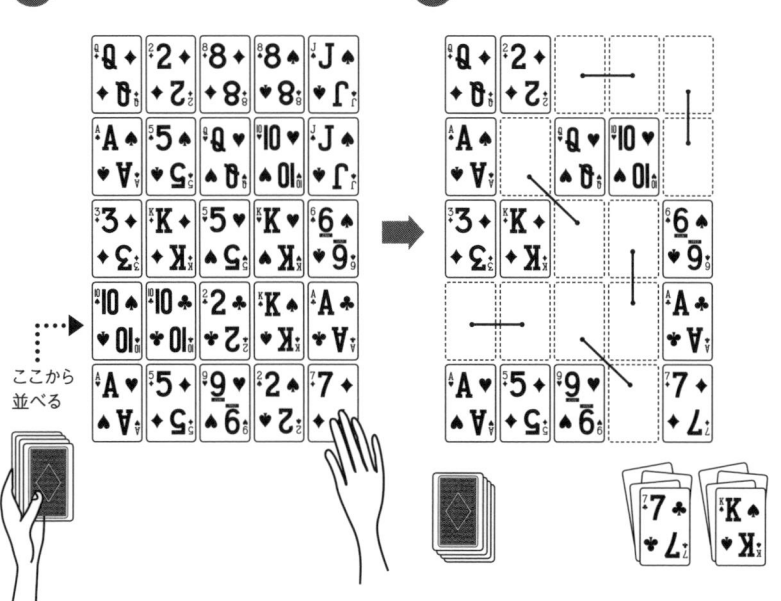

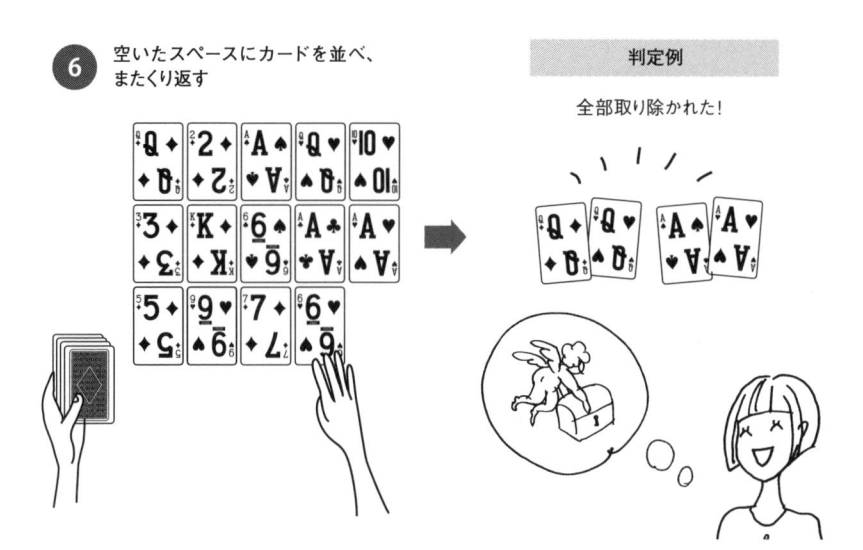

ここから並べる

⑥ 空いたスペースにカードを並べ、またくり返す

判定例

全部取り除かれた！

判断基準

★ 大吉

カードをすべて取り除けた
成功度 100%
やることすべてうまくいきます。思う存分、楽しみましょう。

◉ 中吉

残ったカードが6枚以内
成功度 80%
油断しなければまず問題なく進むでしょう。
完璧を目指すならツメの甘さをなくすことです。

○ 小吉

残ったカードが10枚以内
成功度 60%
あなたの努力次第で成功を収めることができるはず。
もう少し目標を高く持ってもよいのでは。

△ 末吉

残ったカードが16枚以内
成功度 40%
あまり喜ばしい成果は得られないかもしれませんが、
参加することに意義があると言い聞かせましょう。

× 凶

残ったカードが18枚以上
成功度 20%
根本的に見直した方がよいでしょう。
今回は諦めるのも一つの手です。

Column

お守りとしてのトランプ

　トランプにはお守りとしての力もあります。以下の表を参考にして、自分の願いに合ったカードをお財布や定期入れ、手帳などに入れて持ち歩いてみてはどうでしょうか。

ハートのエース	恋が成就する。
ハートの3	パーティーなどで楽しい一時を過ごせる。
ハートの9	心も経済的にも満足できる。ウィッシュカード。
ハートの10	幸せな家庭が築ける。夫婦円満。
ハートのジャック	ステキな男性と巡り会える。(女性への)プロポーズが成功する。
ハートのクイーン	恋愛運アップ。魅力的な女性となる。または魅力的な女性と巡り会える。
ダイヤのエース	(お財布の中に入れる、または通帳に挟むことで)金運がアップする。
ダイヤの6	周囲からの援助を受けやすくなる。
ダイヤの10	お金儲けが上手になる。ギャンブル運アップ。
クラブのエース	高い知性を得ることができる。勉強や仕事がはかどる。試験で良い成績を収めることができる。
クラブの4	平和な時を過ごすことができる。
クラブの5	篤い友情を育むことができる。
クラブの8	計画がスピードアップする。
クラブのキング	上司や目上の人、年長者からの寵愛を受けることができる。
スペードのエース	競争相手に勝つことができる。
スペードの2	ライバルと協力することができる。

第4章　バースデーカード

あなたの誕生日とトランプは密接な関係があります。
バースデーカード一覧表からあなたのカードを確認して、そのカードが持っているタイプやパワーを知ることであなたの人生はさらに豊かなものとなることでしょう。
好きな人とあなたのバースデーカードを一緒に持ち歩き、あなただけのお守りとして活用するのもオススメです。

	1月	2月	3月
1日	スペードのキング	スペードのジャック	スペードの9
2日	スペードのクイーン	スペードの10	スペードの8
3日	スペードのジャック	スペードの9	スペードの7
4日	スペードの10	スペードの8	スペードの6
5日	スペードの9	スペードの7	スペードの5
6日	スペードの8	スペードの6	スペードの4
7日	スペードの7	スペードの5	スペードの3
8日	スペードの6	スペードの4	スペードの2
9日	スペードの5	スペードの3	スペードのエース
10日	スペードの4	スペードの2	ダイヤのキング
11日	スペードの3	スペードのエース	ダイヤのクイーン
12日	スペードの2	ダイヤのキング	ダイヤのジャック
13日	スペードのエース	ダイヤのクイーン	ダイヤの10
14日	ダイヤのキング	ダイヤのジャック	ダイヤの9
15日	ダイヤのクイーン	ダイヤの10	ダイヤの8
16日	ダイヤのジャック	ダイヤの9	ダイヤの7
17日	ダイヤの10	ダイヤの8	ダイヤの6
18日	ダイヤの9	ダイヤの7	ダイヤの5
19日	ダイヤの8	ダイヤの6	ダイヤの4
20日	ダイヤの7	ダイヤの5	ダイヤの3
21日	ダイヤの6	ダイヤの4	ダイヤの2
22日	ダイヤの5	ダイヤの3	ダイヤのエース
23日	ダイヤの4	ダイヤの2	クラブのキング
24日	ダイヤの3	ダイヤのエース	クラブのクイーン
25日	ダイヤの2	クラブのキング	クラブのジャック
26日	ダイヤのエース	クラブのクイーン	クラブの10
27日	クラブのキング	クラブのジャック	クラブの9
28日	クラブのクイーン	クラブの10	クラブの8
29日	クラブのジャック	クラブの9	クラブの7
30日	クラブの10		クラブの6
31日	クラブの9		クラブの5

	4月	5月	6月
1日	スペードの7	スペードの5	スペードの3
2日	スペードの6	スペードの4	スペードの2
3日	スペードの5	スペードの3	スペードのエース
4日	スペードの4	スペードの2	ダイヤのキング
5日	スペードの3	スペードのエース	ダイヤのクイーン
6日	スペードの2	ダイヤのキング	ダイヤのジャック
7日	スペードのエース	ダイヤのクイーン	ダイヤの10
8日	ダイヤのキング	ダイヤのジャック	ダイヤの9
9日	ダイヤのクイーン	ダイヤの10	ダイヤの8
10日	ダイヤのジャック	ダイヤの9	ダイヤの7
11日	ダイヤの10	ダイヤの8	ダイヤの6
12日	ダイヤの9	ダイヤの7	ダイヤの5
13日	ダイヤの8	ダイヤの6	ダイヤの4
14日	ダイヤの7	ダイヤの5	ダイヤの3
15日	ダイヤの6	ダイヤの4	ダイヤの2
16日	ダイヤの5	ダイヤの3	ダイヤのエース
17日	ダイヤの4	ダイヤの2	クラブのキング
18日	ダイヤの3	ダイヤのエース	クラブのクイーン
19日	ダイヤの2	クラブのキング	クラブのジャック
20日	ダイヤのエース	クラブのクイーン	クラブの10
21日	クラブのキング	クラブのジャック	クラブの9
22日	クラブのクイーン	クラブの10	クラブの8
23日	クラブのジャック	クラブの9	クラブの7
24日	クラブの10	クラブの8	クラブの6
25日	クラブの9	クラブの7	クラブの5
26日	クラブの8	クラブの6	クラブの4
27日	クラブの7	クラブの5	クラブの3
28日	クラブの6	クラブの4	クラブの2
29日	クラブの5	クラブの3	クラブのエース
30日	クラブの4	クラブの2	ハートのキング
31日		クラブのエース	

	7月	8月	9月
1日	スペードのエース	ダイヤのクイーン	ダイヤの10
2日	ダイヤのキング	ダイヤのジャック	ダイヤの9
3日	ダイヤのクイーン	ダイヤの10	ダイヤの8
4日	ダイヤのジャック	ダイヤの9	ダイヤの7
5日	ダイヤの10	ダイヤの8	ダイヤの6
6日	ダイヤの9	ダイヤの7	ダイヤの5
7日	ダイヤの8	ダイヤの6	ダイヤの4
8日	ダイヤの7	ダイヤの5	ダイヤの3
9日	ダイヤの6	ダイヤの4	ダイヤの2
10日	ダイヤの5	ダイヤの3	ダイヤのエース
11日	ダイヤの4	ダイヤの2	クラブのキング
12日	ダイヤの3	ダイヤのエース	クラブのクイーン
13日	ダイヤの2	クラブのキング	クラブのジャック
14日	ダイヤのエース	クラブのクイーン	クラブの10
15日	クラブのキング	クラブのジャック	クラブの9
16日	クラブのクイーン	クラブの10	クラブの8
17日	クラブのジャック	クラブの9	クラブの7
18日	クラブの10	クラブの8	クラブの6
19日	クラブの9	クラブの7	クラブの5
20日	クラブの8	クラブの6	クラブの4
21日	クラブの7	クラブの5	クラブの3
22日	クラブの6	クラブの4	クラブの2
23日	クラブの5	クラブの3	クラブのエース
24日	クラブの4	クラブの2	ハートのキング
25日	クラブの3	クラブのエース	ハートのクイーン
26日	クラブの2	ハートのキング	ハートのジャック
27日	クラブのエース	ハートのクイーン	ハートの10
28日	ハートのキング	ハートのジャック	ハートの9
29日	ハートのクイーン	ハートの10	ハートの8
30日	ハートのジャック	ハートの9	ハートの7
31日	ハートの10	ハートの8	

	10月	11月	12月
1日	ダイヤの8	ダイヤの6	ダイヤの4
2日	ダイヤの7	ダイヤの5	ダイヤの3
3日	ダイヤの6	ダイヤの4	ダイヤの2
4日	ダイヤの5	ダイヤの3	ダイヤのエース
5日	ダイヤの4	ダイヤの2	クラブのキング
6日	ダイヤの3	ダイヤのエース	クラブのクイーン
7日	ダイヤの2	クラブのキング	クラブのジャック
8日	ダイヤのエース	クラブのクイーン	クラブの10
9日	クラブのキング	クラブのジャック	クラブの9
10日	クラブのクイーン	クラブの10	クラブの8
11日	クラブのジャック	クラブの9	クラブの7
12日	クラブの10	クラブの8	クラブの6
13日	クラブの9	クラブの7	クラブの5
14日	クラブの8	クラブの6	クラブの4
15日	クラブの7	クラブの5	クラブの3
16日	クラブの6	クラブの4	クラブの2
17日	クラブの5	クラブの3	クラブのエース
18日	クラブの4	クラブの2	ハートのキング
19日	クラブの3	クラブのエース	ハートのクイーン
20日	クラブの2	ハートのキング	ハートのジャック
21日	クラブのエース	ハートのクイーン	ハートの10
22日	ハートのキング	ハートのジャック	ハートの9
23日	ハートのクイーン	ハートの10	ハートの8
24日	ハートのジャック	ハートの9	ハートの7
25日	ハートの10	ハートの8	ハートの6
26日	ハートの9	ハートの7	ハートの5
27日	ハートの8	ハートの6	ハートの4
28日	ハートの7	ハートの5	ハートの3
29日	ハートの6	ハートの4	ハートの2
30日	ハートの5	ハートの3	ハートのエース
31日	ハートの4		ジョーカー

カード別タイプ診断／♠スペード

スペードのA（エース）

スペードのエースは、どのような状況でも自分の考えを押し通すワンマンさと、その一方で誰かに構ってもらいたいという寂しさが同居しているタイプです。そのため、この力がうまく発揮されている間は周囲に対して強いリーダーシップを発揮し、仕事面では成功を収め、恋愛面では燃え上がるような激しい恋をすることでしょう。ただし、強引さがあまりにも強く出てしまうと、他人からの非難によって孤独感を味わうことになりますから要注意です。

スペードの2

スペードの2は、スペードのスートが表す理性的な面が強く出て、何事にも無表情で動じないタイプです。いわゆる、クールな人です。周りからは「落ち着いている」「しっかりとしている」「堂々としている」と見られることが多いかもしれませんが、その裏にはやや陰湿さもかいま見られます。天性の芸術的な才能もありますが、日常生活のマンネリに浸っている間は発揮されることはありません。感情を豊かにさせることを心がけてみては。

スペードの3

スペードの3は、激しい気性の持ち主です。とにかく他人とぶつかってばかりいますが、すぐにそのことを反省します。陰湿なタイプではありませんから、相手からもあまり恨まれることないでしょう。ケンカをしてでも人と触れ合い、そのことで自分を磨くことができると考えているのです。目的に向かってひたすら突き進む勇敢さがある一方で、後一歩で終えてしまうツメの甘さもあります。物事を最後までやり遂げる根気が大切です。

スペードの4

スペードの4は、相手や状況がどうであれ権力に屈しない芯の強さを持つタイプです。勤勉さと実直さ、意志の強さが最大の魅力です。どんな問題にも立ち向かっていく勇敢さがある一方で、相手との駆け引きといった政治的な手腕もあります。ただ、時折見せる自分本意の利己的な面や、物事を強引に判断してしまう姿勢が周りから非難を受けることもあるかもしれません。信念を貫くことと周囲に対する謙虚さのバランスが何よりも大切です。

スペードの5

スペードの5は、他人の世話をするのが好きな人情派。人当たりが良く、誰に対しても分け隔てない優しさを持っています。同時にダイナミックな変化も好み、何にでも首を突っ込みたくなる癖もあります。好奇心が高く、変化を恐れない強さがあります。ただ、好奇心が裏目に出ると、相手のためと思ってしたことでかえって事態を複雑にさせてしまう可能性があります。興味の範囲が広い反面、客観的な判断力をすることが苦手です。

スペードの6

スペードの6は、負けず嫌いで、常に周囲を励ますムードメーカーです。くじけそうになっている人を引っ張り、幸せな環境を整えることに生き甲斐を感じます。幸運と不運が目まぐるしく変わることに対しても、じっとこらえることのできる我慢強さもあります。一方で、バランス力もあり、自分の立ち位置や現状を把握する力に優れています。時折、強引に引っ張ることで相手と対立してしまうこともありますが、それもまたあなたの魅力です。

カード別タイプ診断／♠スペード

スペードの7

スペードの7は、困難な障害であってもそれをものともしないパワフルさで乗り越えていけるタイプです。直観力が高いからこそ、自分独自の判断が下せるのです。あらゆる面でその強引さが目立つことが多いかもしれませんが、それでもあなたにとっては大切なこと。ただし、極端にワンマンになると協力者が逃げてしまうのはもちろん、運も下がってしまいます。大きなことに取りかかろうとした時ほど、周囲に目を配る必要があります。

スペードの8

スペードの8は、責任感の強い、真面目なタイプです。礼節をわきまえているため、多くの人から信頼されます。何でもこなせる器用さと能力の高さに加えて、最後までやり遂げる粘り強さがあるため、頼まれたことも確実に仕上げ、さらに評価を上げることでしょう。自らが努力をすることで成功を手にすることができる典型的なタイプです。完璧主義者な反面、だらしない人に対しては必要以上に厳しく当たることもあるから注意しましょう。

スペードの9

スペードの9は、知的な雰囲気を漂わせた一匹狼タイプです。状況を把握して冷静な判断を下し、それを実行するだけの行動力もあります。その反面、他人と一緒に行動するのがやや苦手かもしれません。社会性がないというわけではありませんが、他人との距離を大事にする性格なのです。頭脳明晰なために、何かを教えたりすることもうまく、周囲から何かと頼られることが多いでしょう。内に秘めた情熱の生かし方が成功の鍵です。

スペードの 10

スペードの 10 は、勇敢な行動力を持った野心家です。どんな困難に対してもめげることなく突撃する勇気と度量があり、また、計画を達成するだけの力もありますから、周りからは「デキル人だ」と見られることでしょう。意欲に溢れ、目標達成を至上命題と掲げているために、時として、他人に対して厳しく当たり、人の情といったものを軽視してしまうおそれがあります。寛容の精神を持つことでさらなる成功を手にすることができるでしょう。

スペードのJ（ジャック）

スペードのジャックは、天性の明るさを持った、生まれながらの役者タイプです。どんな局面においてもポジティブシンキングができ、明るく振る舞うことが得意です。あなたの笑顔は幸運を呼び寄せ、一度や二度の失敗でもすぐに挽回できる運の強さとなります。周囲の人に働きかける政治的な力もありますから、グループのリーダーとして集団を率いることも多いかもしれません。自分自身の生き方に誇りを持ち堂々と振る舞うことが大切です。

スペードのQ（クイーン）

スペードのクイーンは、生まれながらの気まぐれさを持った女王様タイプです。特定の場所や事柄にとどまることを嫌い、常に変化を求めています。周囲からは「そんなに目まぐるしくて大丈夫?」と思われることがあるかもしれませんが、本人はいたって普通であり、そんな生活を楽しんでいるのです。目標が大きければ大きいほど燃える、情熱家でもあります。仕事でもプライベートでも何かに向かって突き進む時、あなたは輝き、魅力的になります。

カード別タイプ診断／♠スペード／◆ダイヤ

スペードのK（キング）

スペードのキングは、すべての物事を自分中心に考える、生まれながらの王様タイプです。対話好きですが、相手が意見を述べている最中であっても、それを遮って自分の意見を主張することが多いかもしれません。独立心が強く、リーダーの素質もあるためグループの中心的役割を担います。自分の考えをはっきりと表明することは素晴らしいのですが、時には周囲の声に耳を傾ける余裕を持つのも必要です。

ダイヤのA（エース）

ダイヤのエースは、常に自分にスポットライトが当たることを求める主役タイプです。エネルギッシュで、仕事でもプライベートでも積極的に自分をアピールすることで周囲からの注目を集めますが、そこにはしっかりとした才能と魅力が根づいており、決して「口だけ」ということではありません。周囲からも好印象です。野心に燃えるタイプで、「勝つことこそがすべて」と思いがちですが、時にはあなたの反対意見も理解することが大切です。

ダイヤの2

ダイヤの2は、優れた直観力の持ち主です。現状理解力に優れ、今がどのような状況なのかを的確に判断する力があります。理論的に考える面も持ち合わせているため、仕事面で大成するタイプといえます。自分が正しいと信じた道を着実に歩む忍耐強さと真面目さもあり、周囲からは「義理堅い人だ」と高い評価を受けることでしょう。仕事人間として見られ、親しみにくく思われることがあるかもしれませんが、敬意は持たれているはずです。

ダイヤの3

ダイヤの3は、独創的な考え持った職人肌タイプです。想像力も豊かで、一つのことを考え出すと、とことんそれにこだわります。他の何人もなし得ないようなことを達成できる能力と運を兼ね備えています。自分の行動に芯が通っているため、周囲の目も気にすることがありません。その一方で、他人の心の動きにも敏感に反応する繊細さも持ち合わせていますが、その人情に脆い点が時として欠点となることもあるので注意しましょう。

ダイヤの4

ダイヤの4は、自分の安定した生活を一番に願う平和主義者です。保守的というわけではありませんが、あまりにも急速で大きな変化や革新的なことよりも、安定した生活と価値観に自分の生き甲斐と幸せを見出すのです。ただし、変わること自体を恐れているのではありません。自分にとって良いと判断した道をがむしゃらに突き進むパワフルさもあります。自分の感情をうまく表現するのが苦手かもしれませんが、誤解を恐れずに相手に伝えてみては。

ダイヤの5

ダイヤの5は、ユーモアとウィットに溢れた明るいキャラクターの持ち主です。多少落ち着きがないと見られることもありますが、変化を求め、それを心から楽しむ旅人のようなタイプです。社交的で、環境や人に合わせるのがとても上手なため、どのような場においても注目を集め、愛されることでしょう。自分の選択眼に自信を持ち、それを周りに伝える力もあります。天性のセールスマンです。自制心を養うことでさらなる高みに到達できるはずです。

カード別タイプ診断／◆ダイヤ

ダイヤの6

ダイヤの6は、他人の評価を気にしない生真面目タイプです。派手な印象は持たれないかもしれませんが、我が道をコツコツと進む、強固な意志の持ち主です。不用意に他人とぶつかることを避ける優しさもありますが、それ以上に他人の目や意見を気にしないのです。その意味では心身共に健康でパワフルです。時に抑えていた自分が爆発してしまうこともありますから、適度な息抜きを心がけてください。決まり切った型にはまらないことも大切です。

ダイヤの7

ダイヤの7は、明るく陽気でスタイリッシュな人気者です。他の人が話をしていると口を出さずにはいられない、おしゃべり好きなタイプです。立ち居振る舞いが美しく、話上手ですから、人が多く集まる場ではあなたの周囲には常に人だかりができることでしょう。誰もが注目し、憧れる存在といえます。守銭奴というわけではありませんが、お金が大好きで派手に使いますので、友人間のお金の貸し借りには特に注意した方がよいでしょう。

ダイヤの8

ダイヤの8は、お金儲けに長けた遣り手ビジネスマンタイプです。クールでどんな状況下でも動じない姿勢は、仕事面においてプラスとなります。たんにお金を引き寄せる運だけでなく、マネジメント能力もあるために社会的成功者となる素質があります。感情を表に出さないために人情味が薄いと見られることもありますが、その内面には誠実さが溢れ、周囲から嫌われることはないでしょう。仕事でも家庭でも頼りにされる典型的な大黒柱です。

ダイヤの9

ダイヤの9は、情に厚い頼れる親友タイプです。明朗快活さを持つ反面、実は気が小さく神経質な面もあります。人に頼られることに喜びを感じ、与える側に立ちやすいといえます。そのために正義を重んじ、普遍的な価値観を大切にします。あなたの朗らかさに多くの人が癒されることでしょう。ただ、いざという時に自分の気持ちを出すのは苦手かもしれません。人助けを優先するあまり自分を蔑ろにしてしまいますので、見極めが大切になってきます。

ダイヤの10

ダイヤの10は、多くの人から祝福を受ける幸せなタイプです。基本的に保守的で消極的な考えを持つことが多いのですが、それは周囲から与えられることに慣れているからです。着実に人生の壁を乗り越え、歩んでいく粘り強さと力強さがありますから、自分の意に反した改革は受け入れる必要がありません。経済的な感覚と能力に優れており、さらに何かを相続するという運もありますから、人生設計が盤石なものとなるでしょう。

ダイヤのJ（ジャック）

ダイヤのジャックは、お金の真の価値を知る、生まれながらの起業家タイプです。運と実力を兼ね備えているので、経済的な満足を手にして、安定して裕福な生活を送ることも夢ではありません。直観的で想像力も豊かです。何よりも、決断力には素晴らしいものがあります。子どもの頃から自立心があるタイプです。自分の判断に絶対の自信を持つ合理主義者ですが、それが行き過ぎると冷たい人と思われかねないので注意しましょう。

カード別タイプ診断／◆ダイヤ／♣クラブ

ダイヤの Q（クイーン）

ダイヤのクイーンは、オシャレで派手な女王様タイプです。派手というのは見た目だけというわけではなく、考え方や行動がとにかく目立つのです。センスの良さは生まれ持ったものです。芸術的な才能の持ち主ともいえます。多少気が強い面もありますが、それすらも周囲には魅力的に映ることでしょう。弱者を助ける心優しき面もありますが、時に一方的なお節介ということにもなりかねません。ありのままを受け入れる心の広さを持つべきでしょう。

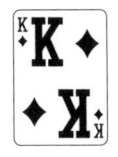

ダイヤの K（キング）

ダイヤのキングは、本物の価値観を知る、知性と行動を合わせ持った王様タイプです。誘惑にも負けない強固な意志があり、物事すべての善悪をはっきりと区別することができるため、周囲からは敬意を抱かれ、頼られることが多いでしょう。トラブルが起きた時の収拾役に最適です。ただし、利害関係となった場合に、冷酷な対応を取ることもいとわないため、必要以上に相手を傷つけてしまうこともあります。清濁併せ飲む寛容さも時には大切です。

クラブの A（エース）

クラブのエースは、限りない知識欲に溢れた人生の探求者です。もともとの聡明さに加えて、知ることや学ぶことに生き甲斐を感じるタイプです。理知的な印象を与えますが、その内面には心優しく穏やかで大人としての気概があるのです。考えるだけではなく行動力も兼ね備えているため、周囲の誰もが「困ったことがあったら相談しよう」とあなたの下に訪れるはずです。滅多に怒ることがない分、あなたの怒りはとてつもないものになるでしょう。

クラブの2

クラブの2は、謙虚さと好奇心を持ち合わせた上品な対話者です。いろいろな人とコミュニケーションを取ることが何よりも好きなタイプですが、口うるさいおしゃべりということではありません。相手の話も聞くバランスがあり、上品な言動と機転の利いた話術があなたの魅力です。時に控えめでいることに満足しがちですが、秘めた実行力を発揮し、率先してグループを導くことで周囲からの信頼はさらに高まるはずです。度胸を持ちましょう。

クラブの3

クラブの3は、計画性と実行性を持ち合わせた努力家です。立てる計画は緻密そのもので、それをきっちりと進めることができる力があります。計画途中で投げ出すことなく、最後までやり遂げますから、周囲からは高い評価を受けることでしょう。どんなことでもできる芸達者なタイプですが、本当に自分の好きなことは何かを考えることが大切です。全身全霊注げるものを見つけた時、あなたは幸せを手にすることができるでしょう。

クラブの4

クラブの4は、知性溢れ純情で優しいお姉さんタイプです。物事を的確に判断する理解力と先天的な直観力を兼ね備え、また周囲への慈愛の精神に富んでいるあなたは周囲のまとめ役として重宝されることでしょう。社交性も高いのですが、いざとなるとおとなしくなる面もあります。相手のことを思い、気遣うばかりにかえって中途半端な対応を取ることもあるでしょう。時に厳しく的確に意見することが相手への優しさであると言い聞かせましょう。

カード別タイプ診断／♣クラブ

クラブの5

クラブの5は、知的好奇心溢れた冒険者です。常にポジティブシンキングで挑戦していく、活動的タイプです。頭の回転が速く、それが行動に結びつきますから、誰よりも早く成功することでしょう。物事を完全に成し遂げたいという完璧主義者的欲求と、見切り発車でもよいという考えが同居していますが、いずれにしても自分の興味に忠実なのです。社交的で人当たりがよい分、頼み事を断り切れずに要らぬ苦労を背負うことも多いのが玉にキズです。

クラブの6

クラブの6は、インスピレーション豊かな芸術肌タイプです。物事をぱっと瞬間的にとらえる力がずば抜けてよいために、霊感があると見られることもあるかもしれません。基本的に、根暗ではなく陽気で協調精神もあり、周りからの信頼を得やすいタイプといえます。知的で想像力も素晴らしいのですが、その分、心の裏を読みすぎてしまい、他人を内心でけなすこともあるかもしれません。誠実さを持つことであなたの感受性はさらに高まります。

クラブの7

クラブの7は、頭脳明晰で洗練された理性の持ち主です。時にチャーミングに、時にクールにと、その場その場に合わせる力が高く、パーティーなどでは欠かせない存在となります。苦労を人よりも多くするタイプですが、その分、人に対する優しさや素直さがあり、目下の者からも慕われ、実力者からの寵愛を受けることができるでしょう。ふとした瞬間に孤独を感じることがあるかもしれませんが、そんな時こそ、周りの人を信頼してみては。

クラブの 8

クラブの8は、心の折れない自信家です。どんな問題であっても常に真剣勝負、真面目に取り組みます。自分の中で確固たる考えが存在しており、ちょっとやそっとのことではびくつきません。やや主観的になりすぎてしまう点もあり、それが思わぬ失敗の要因となることがあるかもしれませんが、それでも熱意と意欲に溢れてイニシアチブを発揮するあなたには多くの人が賛同してくれるでしょう。忍耐強さを持つことでさらに成功するはずです。

クラブの 9

クラブの9は、鋭い感受性を持つロマンチストです。表現力に優れる心優しき人物です。新しい考えを積極的に取り入れるアイデアマンでもありますが、感性としてはやや臆病すぎる面もあります。夢見ることも多く、実行に移す前に他の事柄に気を取られ、結果、計画倒れになることもあるのではないでしょうか。物事を俯瞰的かつ客観的に見ることで自分の立ち位置がはっきりとし、さらに際立った才能を開花させることができるはずです。

クラブの 10

クラブの 10 は、助け合いの心を伝える先生タイプです。他人に対するかぎりない親切心と誠実さに加えて、高い知性の持ち主のため、周囲から何かと意見を求められることが多いかもしれません。社交的でアドバイスをするのが得意ですが、自分の考えを一方的に押しつけるのではなく、相手に問題解決の気づきを与えるのが上手なのです。仲間内で一目置かれる存在です。影響力が強いあなたの考えや行動に周りも感化されることでしょう。

カード別タイプ診断／♣クラブ／♥ハート

クラブのJ（ジャック）

クラブのジャックは、誠実さを何よりも大切にする優美な王子様タイプです。他人を押しのけてまで目立とうとする派手さはなく、どちらかというとおとなしめの印象を持たれることでしょう。ただし、やるべきことはきっちりとやり遂げる強い意志があります。天才的才能と勘の良さで、失敗することがあまりありません。奉仕の心と人徳が幅広い人脈を築き上げます。どのような状況であっても家族を何よりも大切にする家庭的な人でもあります。

クラブのQ（クイーン）

クラブのクイーンは、神からの恩恵を受けた優しき聖母タイプです。周囲にとっては見過ごしてしまうようなことであっても気を配る優しさと、他人の痛みを我が身のように感じる感受性の高さ、困っている人には真っ先に手を差し伸べる慈愛の精神と、まるで母親のような深い愛情を備えています。逆境にあってもめげない精神的な強さと行動力も秘めており、集団の中においても陰日向となって支えるかけがえのない存在となることでしょう。

クラブのK（キング）

クラブのキングは、知的潜在能力の高い勉強家です。世の中のことを広く知りたいという欲求と一つのことを極めたいという欲求を抱き、生きることが勉強であると感じるタイプです。正確さを追い求め、計画性を重視しますが、慎重派というわけではありません。理論的根拠に裏打ちされた行動力があります。高い教養と優雅さがあり、人の上に立つことも得意でしょう。人の悩みを抱えることの多い苦労者ですが、晩年になるほど成功します。

ハートのA（エース）

ハートのエースは、常に愛を求めるロマンチストです。人生における愛の存在価値を誰よりも深く理解し、それを活動の根源に置きます。愛を求めるといっても、周りが驚くようなアクティブさではなく、内気ではにかんだ、心に秘めたたおやかな愛というかたちが多いでしょう。相手を抱擁する懐の広さがありますが、その分、周囲の影響を受けやすいタイプです。つき合う相手によっては悪い道へと染まりやすい脆さもありますから気をつけるべきです。

ハートの2

ハートの2は、人づき合いのよい、良き相談相手です。一言でいうと親切心の塊のような存在なのです。積極的に表には立たず一歩引くことのできる分別と思慮深さ、相手の話をしっかりと聞き受ける心の広さを持ち合わせていますから、多くの人があなたに話を聞いてもらいたいと集まってくることでしょう。情とビジネスのバランス感覚もありますので、時には自分に自信を持って表舞台に立つことを恐れずにやってみては。

ハートの3

ハートの3は、愛すべきあまのじゃくタイプです。誰よりも人と接することの幸せを感じ、それを求めようとしますが、照れくさく表現下手なのです。そのため、時に周囲からいらぬ誤解を受けることがあるかもしれません。それでもあまり深いトラブルにならないのは、あなたがチャーミングだからです。多くの人と広く浅くつき合うというよりも、自分の生活に無理のない数の親友を大切にすることで人生の幸福を手にすることができるでしょう。

カード別タイプ診断／♥ハート

ハートの4

ハートの4は、和を貴ぶグループの大黒柱です。家族や職場、学校などの組織の安定を重視します。堅実家でもあり、計画を無理なく無駄なくやり遂げ周囲から高い信頼を得ることでしょう。社会的にも成功するでしょうが、それ以上に、家庭的な愛情を優先します。家族のこととなると人が変わったかのように喜怒哀楽が出てくるのです。そのため気苦労が絶えないかもしれませんが、その疲れも家族といることで癒されるはずです。

ハートの5

ハートの5は、人と出会うことが大好きなお祭り人間です。人との出会いに喜びを見出しますので、パーティーはもちろんのこと、数名が集まっているだけであなたのセンサーは感じ取り、グループの中に入っていきます。人づき合いのうまさと明るさがあり、周囲から疎まれることはありません。人と出会う環境に憧れを抱くため、外国で成功するケースもあります。ただし、積極的すぎる行動が誤解を生むこともありますから要注意です。

ハートの6

ハートの6は、相手を信じる強さを持った情の人です。他人を信じるあまりに時に裏切られることもあるかもしれませんが、それでも、あなたは人を信じます。人との信頼や愛情の持つ本当の価値と力を知っているのです。表情豊かで周囲との円滑なコミュニケーションが取れ、気配り上手ですから、自然と周りに人が集まってくることでしょう。自分を後回しにしてしまいがちですから、自己メンテナンスだけはしっかりと行いましょう。

ハートの7

ハートの7は、異性だけでなく同性からも好かれる人気者です。愛に関することに人一倍の興味とセンサーが働くタイプですから、同じ年齢の中では大人びている印象を持たれることもあるでしょう。想像力があり、他人の痛みがわかるために人助けを苦と思わない奉仕の精神に溢れています。美に関しても鋭い感性の持ち主です。あなたの優しさが時に相手への愛として受け取られ、誤解を受けることもあるかもしれないので注意しましょう。

ハートの8

ハートの8は、プライドの高い美の女神タイプです。美しいものには目がなく、また、あなた自身も人の注目を集める魅力を兼ね備えています。清楚というよりかは華やかさや艶やかさという方が適切です。行動と考えで他人の目を惹くがゆえに反感を買い、白い目で見られることもあるかもしれませんが、やがては解決します。あなた自身も周りとの意見の違いに内心とまどうこともあるかもしれませんが、安易に妥協をしないことが大切です。

ハートの9

ハートの9は、大らかな心と愛を持つ人生の勝者です。溢れんばかりの寛大さと奉仕の精神、それを実行する意志と行動力が最大の魅力です。他人を妬んだり、人生を儚いものと嘆いたりする暗さはありません。周りの人からも惜しみない賞賛と援助が得られるはず。人との縁から大きな成功を収め、幸福を得ることができるタイプです。夢や目標は自分個人レベルではなく、より大きなレベルでとらえることでさらなる幸せを得ることができるでしょう。

カード別タイプ診断／♥ハート

ハートの 10

ハートの 10 は、愛情で人々を導く理想主義者です。人生の悲しみや喜びを誰よりも強く感じていますので、その分、人には惜しみない愛情を注ぐことができるのです。情だけに流されない理性的で理論的側面もありますから、的確な判断も下せます。率先して行動で示しますので、どのような集団においてもリーダーシップを発揮することができる、先天的なリーダータイプです。相手を支えることに幸せを見出しますので、良き妻、良き夫となることでしょう。

ハートの J（ジャック）

ハートのジャックは、献身的な愛を持つ正義漢です。困っている人や弱い人を見ていると居てもたってもいられずに駆けつける、男気溢れるタイプです。自分が抱く理想と現実の違いに悩むことも多いかもしれませんが、世の中を嘆き悲しむような心の弱さはありません。義理と人情に篤いがために、時に無鉄砲な行動に出て周りから非難を浴びることもあるかもしれませんが、大きなトラブルに発展することはないでしょう。多少の自己主張もしてみては。

ハートの Q（クイーン）

ハートのクイーンは、愛と希望の力を教えてくれる女神さまです。分け隔てない愛情深さだけでなく人を惹きつける魅力と社交性に溢れており、多くの人に好かれることでしょう。知的な美人です。決断力と他人に対しての共感力も素晴らしいためにリーダーとしても適任です。ただし、あまりにも「完璧な人だ」と思われることが仇となり、高嶺の花な存在としてプライベートな進展を見せることできにくいかもしれませんので、気をつけましょう。

ハートの K（キング）

ハートのキングは、愛の力で収める王様タイプです。集団のトップまたは一国一城の主の素質がある、王様となるべき人です。大局的視点だけでなく、人の感情のひだも読み取る力があります。慈愛の心が強いために自分の考えを無理やり押し通すような強引さはありません。ギラギラしたアグレッシブさではなく、ふんわりと包み込む優しいオーラが最大の魅力です。周囲の人にとってのお手本となりますので、常に清廉潔白を信条とすべきです。

ジョーカー

ジョーカーは、すべての始まりであり終わりを司る特別な存在です。そのため、このカードのタイプ、つまり12月31日生まれの人は、その年の始まりである1月1日（スペードのキング）と、その年の終わりの前日である12月30日（ハートのエース）の力を兼ね備えています。詳細はそれぞれのカードを読んでください。特にジョーカーならではの性格としては、何よりも明るさが際立っています。それは発言や行動だけにとどまらず、物事のとらえ方やセンス、さらには生き方にまで及びます。時にコロコロと自分の態度を変えることで周囲が困惑することもあるかもしれませんが、それすらもあなたの愛嬌の前にはマイナスとなることはないでしょう。自分の信念を保ち続けることが成功の秘訣と言い聞かせましょう。

Column ジョーカーの存在

　トランプに「ジョーカー」はつきものですが、ジョーカーの誕生については諸説あります。①19世紀後半にイギリスのカードメーカーが予備カードとしてつけ加えた。②1857年にニューヨークのサミュエル・ハート社が作ったカードから始まった。③ポーカーのルールとして考え出された。④イギリスで流行したカードゲーム「ユーカー」に用いた「ベスト・バウアー」というカードが変化し、名前も「ユーカー（Eucher）」がなまって「ジョーカー（Joker）」となった。

　いずれにせよ、19世紀頃から登場した、カードの中でも新しい存在といえます。また、タロットカードの「愚者」がジョーカーになったという説もかつてはいわれていましたが、現在では否定されているようです。ただ、絵柄の類似性から見ても、何らかの影響があったのは間違いないでしょう。

　本書ではジョーカーを除いた52枚のカードで行う占いを取り上げてきましたが、最後にジョーカーを使った簡単な占いをご紹介しましょう。

　使用するカードはジョーカーとハートのエースからキングまでの合計14枚です。カードをよくシャッフルし、好きなカードを1枚だけ選び、残りを裏面のまま横1列に並べます。

　はじめに選んだカードを開き、カードに書かれた数字の場所を開きます。例えば、最初に選んだカードがハートの7だとすると、左から数えて7番目のカードを開きます。ここではハートのキングが出たとします。開いたカード（ハートのキング）の位置にはじめのカード（ハートの7）を表面にして戻し、次に、開いたカード（ハートのキング）の数の位置のカードを見ます。つまり、左から13番目を開くということです。こうして順々にカードを開いていきますが、ジョーカーが出たらその時点で終了です。開いたカードの枚数で吉凶を判断します。

　恋愛ならばハート、金運ならばダイヤと質問内容によってスートを使い分けるとよいでしょう。

① 1枚は残す　1 ⟶ 13

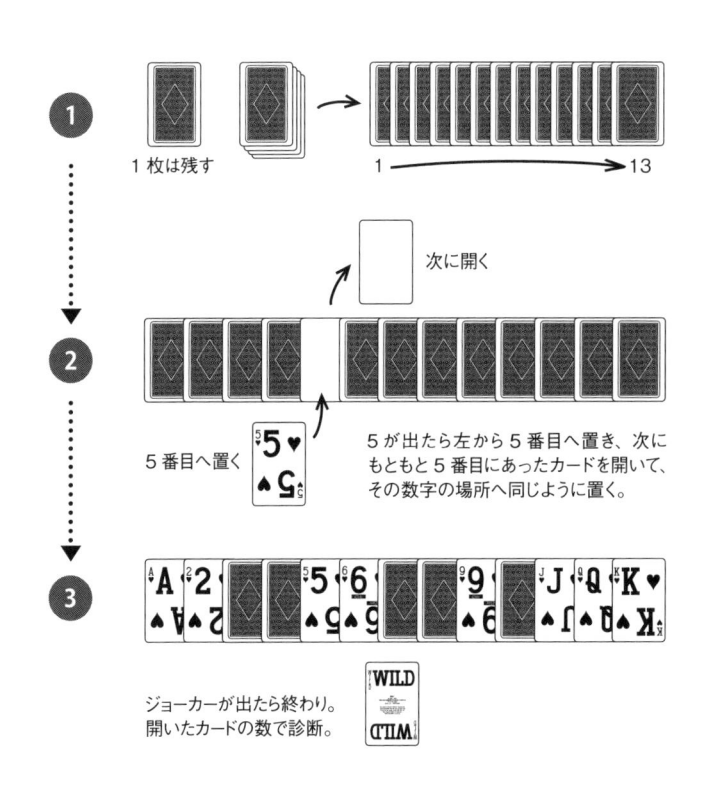

② 次に開く
5番目へ置く
5が出たら左から5番目へ置き、次にもともと5番目にあったカードを開いて、その数字の場所へ同じように置く。

③ ジョーカーが出たら終わり。開いたカードの数で診断。

10枚以上……大吉　　4枚以下……凶
5枚～9枚……吉　　　0枚または1枚……大凶

<参考文献>

"Fortune Telling By Cards : A Complete Manual of
Self Instruction in The Art of Cartomarcy" Sephanial/Kessinger Publishing
"Cards of Your Destiny : What Your Birthday Reveals
About You and Your Past, Present and Future" Robert Camp/Sourcebooks
"Love Cards : What Your Birthday Reveals
About You and Your Personal Relationships" Robert Lee Camp/Sourcebooks
『私のトランプ占い』福田有宵／新星出版社
『トランプ占い』黄泉／高橋書店
『よくあたるトランプ占い』石川雅弘／有紀書房
『トランプ占い入門』川上博世／永岡書店
『トランプものがたり』松田道弘／岩波書店
『運命のカード』シャロン・ジェファーズ著、渡辺京子訳／クレイヴ出版事業部 ほか多数

本書で掲載したトランプは、オーストリアにあるカードの老舗メーカーであるピアトニック社の「ジャイアントインデックス」です。カードイラストはピアトニック社の許可を得て掲載しました。
Usage of Piatnik Giant Index Poker cards with permission
of Wiener Spielkartenfabrik Ferd.Piatnik & Söhne.

「ジャイアントインデックス」は、
ニチユー株式会社（日本輸入代理店・販売元）で取り扱っております。
電　話：03-6240-9839
ＦＡＸ：03-6240-9846
http://www.nichiyu.net/

おわりに

　本書を執筆している最中に、とある方から「私のおばあちゃんもトランプ占いをよくやっていて、私も占ってもらっていた」という話を聞きました。
　どんな占い方（スプレッド）だったのかはよく覚えていないとのことでしたが、私としては、日本の文化と日本人の心にトランプ占いが根づいているのだと嬉しく感じました。
　「はじめに」でも触れましたが、トランプ占いは長い歴史を誇る、由緒正しい占いだと思っています。それが現在あまり日の目を見ないのには、ただ、トランプの歴史的経過として、占いの側面よりもゲームや手品の方にクローズアップされてしまった、ということでしかありません。
　もちろん、手品やゲームもトランプの魅力です。それを否定する気は全くありません。
　ですが、私は「『トランプ占い』という身近な存在を忘れてしまうのはもったいない」と感じています。
　「あまりにも身近だからこそ、気にせず、忘れてしまう」ことが多いように思います。
　本書を通して、そんな存在であるトランプ占いとトランプにあらためて目を向けてもらえたのなら、著者として望外の喜びです。

著者紹介

寺田　祐（てらだ・たすく）

オカルトライター。翻訳家。子どもの頃から「不思議な」ことに人一倍の興味を抱き、古書から洋書まで本をむさぼり読み現在に至る。占いにも強い関心を持ち、独学で勉強を始める。タロットやトランプなどのカードを用いた占術が得意。タロットカードのコレクターとしての一面もある。

Blog：Cartomancist 寺田祐のタロット・トランプ占い雑記帳
　　　＜ https://ameblo.jp/cartomancy/ ＞
HP：＜ https://tasukuterada.wixsite.com/tasuku-terada ＞

大人のためのトランプ占い入門

発行日　2010年11月11日　初版発行
　　　　2024年 8月15日　第6刷発行

著　者　寺田　祐
発行者　酒井文人
発行所　株式会社説話社
　　　　〒169-8077　東京都新宿区西早稲田1-1-6
　　　　電話／03-3204-8288（販売）03-3204-5185（編集）
　　　　振替口座／00160-8-69378
　　　　Ｕ Ｒ Ｌ　https://www.setsuwa.co.jp/
デザイン　　市川さとみ
イラスト　　市川さとみ
編集担当　　高木利幸
印刷・製本　中央精版印刷株式会社
© Tasuku Terada Printed in Japan 2010
ISBN 978-4-916217-88-2 C 2011

落丁本・乱丁本はお取り替えいたします。
購入者以外の第三者による本書のいかなる電子複製も一切認められていません。